Conflitos que Constroem

Estratégias Práticas para um Ambiente Corporativo de Colaboração e Crescimento

Wellington Camilo

"Conflitos são a linha tênue entre o atrito e a transformação. Com a abordagem certa, cada impasse se torna uma chance de construir uma cultura mais forte, onde colaboração e respeito impulsionam o crescimento."

PREFÁCIO

Desde que entrei no ambiente corporativo em 2004, venho acompanhando as mudanças que ocorrem nos processos, na tecnologia e, principalmente, nas pessoas. Em mais de duas décadas de experiência, observei o papel decisivo que os conflitos desempenham nas organizações. Seja como impulsionadores de inovação e crescimento, seja como fatores que, se mal geridos, podem prejudicar o clima organizacional, a produtividade e o engajamento da equipe.

A partir da minha vivência, ficou claro que a forma como uma empresa lida com conflitos é um dos principais indicadores de sua resiliência e sustentabilidade. Percebi que conflitos são inevitáveis, mas a forma como os abordamos é que determina o resultado. Ao invés de vê-los como obstáculos, passei a encará-los como oportunidades estratégicas — momentos de aprendizado, de reforço de valores e de construção de uma cultura organizacional mais sólida e harmoniosa.

Este livro nasceu desse entendimento e da minha vontade de compartilhar abordagens práticas que qualquer líder ou colaborador pode adotar. Com uma formação em Análise e Desenvolvimento de Sistemas e pós-graduações em Gestão de Equipes e Finanças e Controladoria, sempre busquei unir a racionalidade analítica com a empatia na gestão de conflitos. A proposta é oferecer um caminho acessível e fundamentado para que líderes e profissionais possam desenvolver ambientes de trabalho onde o respeito e a colaboração impulsionem o crescimento e a inovação.

Acredito que as empresas têm um potencial transformador quando promovem uma cultura de resolução de conflitos. E é minha intenção que este livro ajude profissionais a construir essa realidade em suas organizações. Espero que o conteúdo aqui oferecido sirva como guia e inspiração, permitindo que o leitor transforme cada desafio em uma oportunidade real de fortalecimento organizacional e pessoal.

DEDICATÓRIA

Dedico este livro a todos os líderes e colaboradores que, diariamente, enfrentam desafios em suas jornadas profissionais. Que este trabalho sirva como uma ferramenta para transformar conflitos em oportunidades de crescimento e colaboração.

Aos meus pais, pela criação e pelo apoio em todas as minhas formações, que foram essenciais para a construção deste caminho. E a todos os mentores e colegas que contribuíram com suas experiências e ensinamentos, inspirando-me a compartilhar este conhecimento.

CAPÍTULO DE CONTEXTUALIZAÇÃO TEÓRICA

A gestão de conflitos é um campo que combina elementos de psicologia organizacional, comunicação, e teorias de liderança. Em um ambiente corporativo em constante mudança, a capacidade de reconhecer, entender e abordar conflitos de maneira produtiva é uma habilidade fundamental para o sucesso individual e organizacional.

1. **Origem e Evolução da Gestão de Conflitos**

    Desde a década de 1970, o estudo dos conflitos evoluiu com o reconhecimento de que os desentendimentos podem ser oportunidades de crescimento, e não apenas fatores de divisão. Teóricos como Kenneth Thomas e Ralph Kilmann desenvolveram abordagens para compreender e categorizar as reações aos conflitos, oferecendo modelos para identificar estilos de enfrentamento, como o modelo TKI (Thomas-Kilmann Instrument).

2. **Teorias Clássicas e Modernas**

    Teoria da Interdependência: Os conflitos geralmente surgem onde há interdependência entre os membros da equipe e diferentes objetivos pessoais ou profissionais. Compreender as interações entre os colaboradores e suas interdependências é essencial para uma gestão de conflitos eficaz.

    Comunicação Não-Violenta (CNV): A CNV, desenvolvida por Marshall Rosenberg, é um método para a expressão empática de sentimentos e necessidades. Esse modelo é uma base importante para a resolução de conflitos de forma que todos os envolvidos se sintam respeitados e ouvidos.

Modelo de Transformação de Conflitos: Este modelo vê o conflito como um fenômeno dinâmico que pode ser transformado positivamente, em vez de simplesmente resolvido. Essa abordagem abre portas para que líderes vejam cada desentendimento como uma chance de desenvolver habilidades, alinhar objetivos e promover a coesão organizacional.

3. **Importância da Cultura Organizacional na Gestão de Conflitos**

A cultura de uma organização define o quanto o conflito é aceito e como ele é abordado. Culturas organizacionais abertas e transparentes incentivam os colaboradores a expressarem suas preocupações e lidarem com desentendimentos de forma colaborativa. A criação de uma cultura voltada para a resolução de conflitos exige políticas claras e líderes que sirvam de exemplo.

4. **Técnicas de Comunicação e Escuta Ativa**

Escuta ativa e empatia são elementos fundamentais na gestão de conflitos, permitindo que as pessoas se sintam valorizadas e compreendidas. O uso de técnicas de comunicação assertiva, combinadas com a escuta ativa, possibilita uma troca de ideias mais produtiva e evita que pequenos problemas se transformem em grandes desentendimentos.

5. **Conflito como Mecanismo de Crescimento**

Adotar uma perspectiva onde o conflito é visto como uma ferramenta de aprendizado e desenvolvimento é um diferencial para as empresas. Tal abordagem desafia o entendimento tradicional de que o conflito deve ser evitado, e posiciona a gestão de conflitos como um catalisador de inovação e resiliência.

INTRODUÇÃO

O ambiente corporativo moderno é um campo dinâmico onde diferentes personalidades, gerações, culturas e habilidades se encontram diariamente. Nessa convergência, os conflitos são inevitáveis. Contudo, ao invés de serem vistos apenas como obstáculos, os conflitos, quando bem administrados, têm o potencial de impulsionar o crescimento e promover uma cultura de colaboração.

Este livro foi escrito para oferecer uma abordagem prática e acessível à gestão de conflitos, unindo teoria e estratégias aplicáveis que podem ser integradas ao dia a dia de qualquer organização. Ao longo dos capítulos, abordarei desde os fundamentos teóricos da gestão de conflitos até ferramentas tecnológicas emergentes que facilitam a identificação e resolução de desentendimentos no ambiente de trabalho. Os leitores encontrarão técnicas de comunicação eficaz, métodos de mediação e estudos de caso reais que demonstram como as empresas de sucesso transformam conflitos em oportunidades.

Minha motivação para escrever este livro veio de anos de experiência no ambiente corporativo, onde observei como o impacto dos conflitos é profundo, mas também como uma abordagem eficaz pode reverter situações de crise em momentos de aprendizado e avanço. Com a inclusão de temas inovadores, como a adaptação às diferentes gerações e a aplicação ética da inteligência artificial na gestão de pessoas, este livro pretende ser uma ferramenta prática para qualquer profissional, seja líder ou colaborador.

Ao longo desta obra, convido você a explorar uma nova perspectiva sobre os conflitos, enxergando-os não como meros obstáculos, mas como oportunidades para construir um ambiente mais colaborativo, resiliente e inovador.

CAPÍTULO 1

Introdução ao Conflito no Ambiente de Trabalho

O que é um Conflito

O conflito é um elemento inevitável na vida humana e, no ambiente de trabalho, ele assume contornos específicos e complexos. Em um contexto profissional, conflitos se manifestam como desacordos resultantes de diferenças de opinião, valores, interesses ou perspectivas. Esses desentendimentos podem ocorrer em vários níveis organizacionais: entre colegas, equipes, departamentos ou até mesmo entre líderes e subordinados. É importante reconhecer que o conflito, por si só, não é necessariamente negativo. Quando bem gerido, pode se transformar em uma poderosa ferramenta de inovação, crescimento e coesão.

Nos ambientes de trabalho modernos, onde a colaboração é essencial e as equipes são compostas por pessoas de origens, habilidades e personalidades diversas, o conflito se torna uma consequência natural. Na verdade, as melhores equipes não são aquelas que evitam conflitos, mas sim aquelas que aprenderam a usá-los como um recurso estratégico. A habilidade de transformar conflitos em diálogos construtivos e oportunidades de crescimento é uma competência essencial para líderes de sucesso.

Por que Conflitos São Inevitáveis

As equipes e organizações atuais são formadas por pessoas com formações variadas, culturas distintas e uma ampla gama de experiências pessoais e profissionais. Em ambientes de trabalho que exigem colaboração entre diferentes áreas e perfis, é quase impossível evitar algum nível de divergência. Os conflitos surgem, muitas vezes, não apenas por discordâncias de opinião, mas também por diferenças nos valores e objetivos individuais.

4

Algumas das causas mais comuns de conflitos no ambiente de trabalho incluem:

- **Diferenças de Personalidade:** Cada pessoa tem uma maneira única de pensar, agir e comunicar. Essas variações podem gerar desentendimentos e, em alguns casos, dificuldades de convivência.
- **Metas e Prioridades Divergentes:** À medida que diferentes áreas da empresa se esforçam para alcançar seus objetivos, as prioridades podem entrar em conflito, exigindo que os líderes conciliem essas diferenças pelo bem coletivo.
- **Falta de Clareza nas Funções e Responsabilidades:** Ambiguidades nos papéis e expectativas de cada membro da equipe podem levar a mal-entendidos e, eventualmente, a conflitos diretos.
- **Pressão e Estresse:** A pressão por resultados em prazos apertados e a busca pela excelência podem aumentar as tensões entre os membros da equipe, levando a atritos.

Essas são apenas algumas razões pelas quais o conflito é inevitável. Ao longo deste livro, exploraremos técnicas e estratégias para entender, gerenciar e até antecipar essas situações. O objetivo é que você, como líder, enxergue o conflito como uma oportunidade para fortalecer relacionamentos e aprimorar o ambiente de trabalho.

CAPÍTULO 2

Tipos de Conflito

No contexto corporativo, os conflitos assumem várias formas, e cada tipo requer uma abordagem específica. A seguir, exploramos os principais tipos de conflitos, com exemplos práticos e simulações que ilustram seu impacto no ambiente de trabalho. Vamos detalhar como esses conflitos ocorrem, suas causas comuns e as estratégias mais eficazes para lidar com cada um deles.

Conflito de Tarefas

Definição e Características: O conflito de tarefas ocorre quando há divergências sobre a definição ou o escopo de uma atividade. Essas diferenças podem envolver objetivos, a importância de determinada abordagem ou até a melhor forma de execução. Esse tipo de conflito é especialmente comum em projetos colaborativos e equipes interdisciplinares.

Exemplo Prático e Simulação: Imagine uma equipe de desenvolvimento de produtos trabalhando no design de um novo aplicativo. O designer acredita que a prioridade deve ser uma interface visualmente atraente, enquanto o programador enfatiza a importância de uma estrutura técnica sólida e eficiente. Essa divergência gera um conflito de tarefas, pois cada um vê o sucesso do projeto de forma distinta.

- **Simulação de Solução:** O líder pode organizar uma reunião focada nas prioridades do usuário final, usando pesquisas para alinhar os objetivos. Métodos de prototipagem rápida podem ser utilizados para que as diferentes perspectivas sejam discutidas e testadas, permitindo uma solução que atenda a ambos os critérios.

Estratégias e Ferramentas:

- **Priorização:** Técnicas para decidir quais aspectos merecem mais atenção ajudam a equipe a manter o foco nas tarefas mais críticas.

- **Reuniões de Alinhamento de Objetivos:** Reuniões semanais para revisar e redefinir prioridades são essenciais para alinhar cada tarefa ao objetivo geral.

Conflito Relacional

Definição e Características: O conflito relacional resulta de diferenças interpessoais, como traços de personalidade, preferências de trabalho ou estilos de comunicação. Esse tipo de conflito é complexo, pois envolve percepções e emoções, podendo gerar um ambiente de trabalho desgastante.

Exemplo Prático e Simulação: Considere dois membros de uma equipe de vendas: Clara é direta e objetiva, preferindo reuniões rápidas e decisões firmes, enquanto João é detalhista e reflexivo, gostando de analisar antes de decidir. Em uma reunião de vendas, Clara se irrita com o ritmo mais lento de João e faz um comentário impaciente, deixando João desconfortável e criando tensão entre os dois.

- **Simulação de Solução:** Para resolver o conflito, o líder pode promover uma sessão de feedback individual com cada um, seguida por uma reunião conjunta. Uma técnica eficaz é a Comunicação Não Violenta (CNV), que incentiva os participantes a expressarem suas necessidades de forma objetiva e a ouvirem sem julgamento, restabelecendo uma comunicação clara e respeitosa.

Estratégias e Ferramentas:

- **Técnica de Comunicação Não Violenta (CNV):** A CNV promove o diálogo empático e construtivo, orientando os envolvidos a expressarem sentimentos e necessidades de forma objetiva.

- **Exercícios de Construção de Confiança:** Dinâmicas de equipe e sessões de fortalecimento de confiança ajudam a estabelecer um ambiente mais coeso e respeitoso.

Conflito de Processos

Definição e Características: O conflito de processos ocorre quando há discordância sobre o método de trabalho. Esse tipo de conflito é frequente em equipes que lidam com projetos que exigem precisão, mas onde os membros preferem abordagens ou técnicas diferentes.

Exemplo Prático e Simulação: Em uma equipe de marketing, Carla prefere planejar campanhas de forma detalhada e sequencial, enquanto Rafael adota uma abordagem flexível e menos estruturada, mudando conforme surgem novas ideias. A falta de alinhamento nas metodologias de trabalho gera frustração e retrabalho, pois Carla se sente perdida com as mudanças de Rafael.

- **Simulação de Solução:** Uma estratégia para abordar esse conflito é implementar uma metodologia híbrida. Um sistema visual que acompanhe as tarefas permite acomodar ambos os estilos, promovendo flexibilidade dentro de um processo organizado.

Estratégias e Ferramentas:

- **Metodologias Ágeis:** Técnicas ágeis permitem que os projetos sejam visualizados de forma organizada, promovendo tanto flexibilidade quanto estrutura.

- **Documentação de Processo:** Manter um repositório atualizado de processos e procedimentos ajuda a evitar ambiguidade e duplicação de trabalho.

Conflito de Papel

Definição e Características: O conflito de papel ocorre quando funções e responsabilidades não estão claramente definidas. Esse conflito é comum em equipes grandes ou que passam por reestruturações frequentes, o que pode causar confusão e sobrecarga de trabalho.

Exemplo Prático e Simulação: Ana e Pedro trabalham na mesma equipe e têm responsabilidades semelhantes. Ambos acabam assumindo tarefas que não são de suas atribuições devido à falta de clareza nos papéis. Isso leva a sobrecarga de trabalho e duplicação de esforços, criando um ambiente de insatisfação e ineficiência.

- **Simulação de Solução:** Para resolver esse conflito, o líder pode promover uma sessão de revisão de responsabilidades, na qual a equipe discute e ajusta suas funções. Uma matriz de responsabilidade é eficaz para definir atribuições e eliminar ambiguidades.

Estratégias e Ferramentas:

- **Matriz de Responsabilidade:** Essa ferramenta ajuda a mapear responsabilidades, garantindo que cada pessoa conheça seu papel específico.

- **Sessões de Alinhamento Periódico:** Reuniões mensais para revisar atribuições e fazer ajustes ajudam a evitar conflitos futuros.

Estudos de Caso e Análise Aplicada

Nesta seção, aprofundamos os tipos de conflitos por meio de estudos de caso completos, abordando contexto, resolução e impactos para a equipe e a empresa.

1. **Estudo de Caso: Conflito de Tarefas em uma Equipe de Engenharia de Software**

   - **Contexto:** Uma equipe de engenheiros está dividida sobre a abordagem técnica para um novo produto, causando atrasos no projeto.

   - **Resolução:** O gerente organiza workshops para testar e avaliar cada abordagem com base em dados de desempenho. A equipe decide por uma solução que integra o melhor das duas propostas, aumentando a coesão e a satisfação.

   - **Impacto:** A solução reduz o tempo de desenvolvimento, melhora a qualidade do código e cria uma cultura de inovação onde as opiniões de todos são valorizadas.

2. **Estudo de Caso: Conflito Relacional em uma Agência de Publicidade**

   - **Contexto:** Dois membros da equipe de criação entram em conflito constante por diferenças pessoais, afetando a dinâmica do grupo.

   - **Resolução:** O diretor realiza sessões de feedback individual para ajudar ambos a expressarem suas necessidades. Eles aprendem a adaptar seus estilos de comunicação e a valorizar os pontos fortes um do outro.

- **Impacto:** O relacionamento melhora, e a equipe ganha um novo nível de confiança mútua. A partir dessa experiência, a agência adota o feedback semanal, promovendo um ambiente mais colaborativo.

3. **Estudo de Caso: Conflito de Processos em uma Consultoria**

- **Contexto:** A consultoria precisa concluir um projeto para um cliente importante, mas discordâncias sobre o modelo de trabalho causam atraso e insatisfação.

- **Resolução:** Após um workshop, o gerente adota uma metodologia ágil, permitindo flexibilidade e ajustes conforme o projeto avança. A equipe se adapta bem ao novo método, e o projeto é finalizado com sucesso.

- **Impacto:** A implementação do novo método torna a consultoria mais eficiente e aumenta a satisfação dos clientes, estabelecendo o método como padrão.

CAPÍTULO 3

Identificação de Conflitos

Uma das habilidades mais valiosas para um líder é a capacidade de detectar conflitos antes que eles se tornem problemas maiores. Identificar um conflito precocemente permite gerenciá-lo de forma eficaz, impedindo que afete negativamente o ambiente de trabalho e comprometa a harmonia da equipe. Neste capítulo, abordamos técnicas e práticas para identificar conflitos em diferentes estágios, desde os sinais mais sutis até os mais visíveis, além de métodos para realizar uma análise profunda das causas de cada situação.

Sinais de Conflito

Conflitos raramente surgem de forma repentina; eles geralmente emitem sinais de alerta, que podem ser sutis no início, mas se tornam mais evidentes com o tempo. Como líder, é essencial estar atento a esses sinais, que podem se manifestar como mudanças comportamentais, emocionais ou até de desempenho.

Exemplos e Simulações de Sinais de Conflito:

1. **Mudanças Comportamentais:**

   - **Exemplo Prático:** Mariana, uma colaboradora conhecida por ser comunicativa e participativa, de repente começa a se isolar durante as reuniões e evita interações com um colega específico. Esse comportamento pode ser um sinal de que Mariana está insatisfeita ou em desacordo com esse colega, indicando um possível conflito relacional.

2. Queda de Desempenho:

- Exemplo Prático: João, um dos membros mais produtivos da equipe, passa a atrasar entregas e apresenta uma qualidade de trabalho abaixo do esperado. Além de fatores pessoais, essa queda no desempenho pode ser resultado de um conflito de tarefas ou de processos. Investigar se ele enfrenta dificuldades com outros membros da equipe pode ajudar a esclarecer a situação.

3. Aumento de Reclamações e Queixas:

- Exemplo Prático: Durante reuniões, alguns colaboradores frequentemente expressam insatisfação com a forma como as tarefas são organizadas ou distribuídas. Esse aumento nas reclamações pode indicar um conflito de processos, onde há descontentamento com a maneira como as atividades são gerenciadas.

Para detectar esses sinais, utilize ferramentas que promovam o feedback constante e crie rotinas de check-in com a equipe. Reuniões semanais curtas também ajudam a monitorar o clima da equipe e a identificar conflitos antes que se intensifiquem.

Análise de Causa Raiz

Detectar um conflito é apenas o primeiro passo; entender suas causas é fundamental para abordá-lo de maneira eficaz. A análise de causa raiz permite ir além dos sintomas, explorando os motivos subjacentes que levam ao conflito. Esse processo é essencial para criar soluções duradouras e evitar a recorrência dos mesmos problemas.

Métodos de Análise de Causa Raiz:

1. Método dos 5 Porquês:

- **Descrição:** O Método dos 5 Porquês consiste em perguntar "por quê" cinco vezes para chegar à causa principal de um problema.

- **Exemplo Prático:** Um conflito de processo surge quando uma equipe enfrenta dificuldades com prazos. Perguntando "por quê" repetidamente, descobre-se que a falta de clareza nas responsabilidades levou a uma sobrecarga de trabalho, afetando o cumprimento dos prazos.

2. **Diagrama de Ishikawa (Espinha de Peixe):**

    *   **Descrição:** Este diagrama organiza as causas potenciais de um problema em categorias como processos, pessoas, ambiente e materiais, facilitando a identificação de fatores contribuintes.

    *   **Exemplo Prático:** Ao mapear as causas de um conflito relacional entre dois membros da equipe, descobre-se que a diferença de valores e estilos de comunicação está na raiz do problema.

3. **Análise de Impacto no Clima Organizacional:**

    *   **Descrição:** Esta análise envolve identificar como o conflito afeta o moral e o clima da equipe, incluindo fatores como engajamento e relacionamento entre os membros.
    *

    *   **Exemplo Prático:** Em uma equipe onde o conflito de papel é recorrente, a análise de impacto ajuda a entender como a falta de definição de funções influencia a satisfação e a motivação da equipe, orientando ajustes para melhorar o clima organizacional.
    *

Exercícios Práticos de Identificação e Análise

Para aprimorar habilidades de identificação e análise de conflitos, considere os seguintes exercícios aplicáveis a diferentes contextos de trabalho:

Exercício 1: Mapeamento de Sinais de Conflito

*   **Objetivo:** Praticar a detecção de sinais sutis de conflito em uma situação simulada.

*   **Descrição:** Imagine um cenário onde a equipe enfrenta mudanças organizacionais que geram insatisfação. Identifique possíveis sinais de conflito observando como os membros reagem a essas mudanças (como isolamento, queda de desempenho e aumento de reclamações).

*   **Aplicação:** Anote as observações e discuta em grupo ou com

um colega sobre como abordaria esses sinais. Reflita sobre quais ferramentas poderiam ser úteis para identificar esses sinais em sua equipe.

Exercício 2: Aplicação do Método dos 5 Porquês

- **Objetivo:** Explorar as causas de um conflito por meio de perguntas direcionadas.

- **Descrição:** Em um cenário onde um conflito de processo gera tensão em uma equipe, utilize os 5 Porquês para chegar à causa raiz. Pergunte "por quê" em relação ao problema até identificar o fator principal.

- **Aplicação:** Apresente um conflito real ou hipotético para um grupo, e cada membro faz perguntas para entender as causas subjacentes.

Exercício 3: Construção do Diagrama de Ishikawa

- **Objetivo:** Praticar a análise de causas em situações complexas.

- **Descrição:** Utilize o Diagrama de Ishikawa para mapear as causas potenciais de um conflito de tarefas em uma equipe de desenvolvimento de produto. Liste categorias como comunicação, recursos, métodos e cultura para organizar as causas.

- **Aplicação:** Em grupo ou com colegas, discuta como cada fator afeta o conflito e explore soluções para cada causa identificada.

Estudos de Caso: Identificando e Analisando Conflitos no Ambiente Real

Aqui estão três estudos de caso detalhados, focados nas etapas de observação, mapeamento de causas e resolução. Cada caso apresenta um resumo das causas, ações tomadas e os resultados obtidos.

1. **Estudo de Caso 1: Conflito de Papéis em uma Agência de Marketing**

- **Contexto:** Em uma agência de marketing digital, os papéis entre o gerente de contas e o estrategista de mídia social não estão bem definidos, levando a conflitos recorrentes sobre as responsabilidades de cada um.

- **Identificação e Análise:** O gerente usa o Método dos 5 Porquês para investigar a origem do problema, descobrindo que, ao serem contratados, os colaboradores não receberam treinamento claro sobre suas funções. Após o realinhamento das responsabilidades, a equipe se torna mais eficiente e os conflitos diminuem.

- **Resultado:** A redefinição de papéis elimina conflitos de sobreposição e aumenta a produtividade da equipe, que passa a trabalhar com mais clareza e propósito.

2. **Estudo de Caso 2: Conflito Relacional em uma Equipe de Atendimento ao Cliente**

- **Contexto:** Dois atendentes têm abordagens diferentes para resolver problemas de clientes. Um é mais direto e orientado a soluções rápidas, enquanto o outro prefere investigar cada detalhe.

- **Identificação e Análise:** O gerente percebe sinais de conflito relacional durante reuniões e usa o Diagrama de Ishikawa para analisar os fatores envolvidos, identificando que a diferença de estilo e de expectativas está na raiz do conflito.

- **Resultado:** Após conversas com os atendentes e a definição de um padrão de atendimento que equilibre rapidez e qualidade, a equipe reduz as tensões internas e melhora o atendimento.

4. **Estudo de Caso 3: Conflito de Tarefas em uma Fábrica de Eletrônicos**

- **Contexto:** Um grupo de engenheiros está em desacordo sobre a ordem de prioridade na produção. Cada engenheiro prioriza uma linha de produto diferente, gerando atrasos.

- **Identificação e Análise:** A liderança utiliza sessões semanais de check-in para coletar feedback e identificar preocupações. Em seguida, aplica o Método dos 5 Porquês para entender a raiz do conflito, que é a falta de alinhamento nas metas de produção.

- **Resultado:** Com as prioridades redefinidas, a fábrica atinge suas metas com mais consistência e os engenheiros voltam a trabalhar em harmonia.

CAPÍTULO 4

Ferramentas e Técnicas de Resolução

A habilidade de resolver conflitos de maneira eficaz é uma das mais valiosas para um líder. Conflitos, quando não administrados, podem se intensificar e comprometer a harmonia do ambiente de trabalho, afetando o desempenho da equipe. No entanto, ao utilizar técnicas e ferramentas apropriadas, é possível transformar situações desafiadoras em oportunidades de crescimento e fortalecer os relacionamentos dentro da equipe.

Escuta Ativa

Definição e Importância: A escuta ativa é a base para qualquer processo de resolução de conflitos. Ela envolve ouvir com atenção, sem interrupções, e demonstrar empatia e compreensão pelo que o outro está dizendo. A escuta ativa permite ao líder captar não só as palavras, mas também as emoções e intenções que acompanham o discurso, ajudando a identificar os interesses subjacentes ao conflito.

Como Aplicar a Escuta Ativa:

1. **Dê Total Atenção:** Mantenha contato visual, evite distrações e mostre que está ouvindo com gestos de concordância ou palavras como "entendo" e "sim".

2. **Reflita o Que Foi Ouvido:** Resuma o que foi dito para mostrar que você compreendeu. Isso pode ser feito com frases como: "Então, o que você está dizendo é…".

3. **Evite Julgamentos Prematuros:** Permita que a pessoa expresse totalmente sua opinião antes de oferecer qualquer solução ou fazer julgamentos.

4. **Pergunte para Aprofundar:** Utilize perguntas abertas, como "Você poderia me dizer mais sobre isso?" para incentivar uma compreensão mais ampla do problema.

Exemplo Prático de Escuta Ativa em Ação:

Imagine que dois membros da equipe, Maria e Carlos, têm divergências frequentes sobre o prazo de entrega de um projeto. Maria sente que Carlos frequentemente atrasa suas entregas, enquanto Carlos acredita que Maria pressiona demais. Em uma reunião de escuta ativa, o líder escuta ambos sem interromper e resume o que entendeu, dando espaço para que ambos compartilhem suas frustrações e necessidades. Com essa abordagem, o líder percebe que a divergência está relacionada a uma diferença de estilos de trabalho, e não a uma falta de comprometimento.

Comunicação Assertiva

Definição e Importância:

A comunicação assertiva é uma forma direta e respeitosa de expressar opiniões, sentimentos e necessidades. Ela permite ao líder se posicionar com clareza sem ser agressivo ou passivo, incentivando um diálogo honesto e produtivo. A assertividade ajuda a evitar mal-entendidos e a manter o foco na solução do conflito.

Como Ser Assertivo:

1. **Use "Eu" em Vez de "Você":** Expresse suas necessidades sem acusar ou culpar. Por exemplo, "Eu sinto que…" em vez de "Você sempre…".

2. **Seja Direto e Objetivo:** Evite rodeios e vá direto ao ponto, focando na questão central do conflito.

2. **Mostre Empatia:** Reconheça o ponto de vista da outra pessoa, deixando claro que você entende e respeita perspectivas diferentes.

3. **Ofereça Soluções Concretas:** Ao invés de criticar, ofereça ideias que possam ajudar a resolver o problema.

Exemplo Prático de Comunicação Assertiva:

Em uma situação em que a equipe enfrenta conflitos sobre o horário de entrada, o líder pode expressar suas preocupações com a pontualidade da seguinte forma: "Eu percebi que alguns atrasos têm afetado o andamento do projeto, e eu gostaria de discutir formas para que possamos garantir o cumprimento dos horários." Essa abordagem permite expressar a necessidade de melhorias sem que pareça uma acusação pessoal.

Negociação e Compromisso

Definição e Importância:

A negociação e o compromisso são essenciais para encontrar uma solução satisfatória para ambas as partes envolvidas. Negociar é a habilidade de trabalhar com a outra pessoa para chegar a um acordo que contemple os interesses e necessidades de todos. O compromisso exige flexibilidade para que cada parte renuncie a alguns pontos em prol do benefício mútuo.

Etapas da Negociação e do Compromisso:

1. **Identifique os Interesses Comuns:** Encontre pontos onde as expectativas se alinham e use isso como base para a negociação.

2. **Explore Soluções Criativas:** Estimule cada parte a propor alternativas que conciliem os interesses de ambos.

3. **Busque um Meio-Termo:** Incentive as partes a fazerem concessões que permitam uma solução equilibrada.

4. **Formalize o Acordo:** Documente as soluções acordadas, definindo as responsabilidades de cada um para evitar futuras interpretações errôneas.

Exemplo Prático de Negociação e Compromisso:

Em uma equipe onde dois colegas discordam sobre a abordagem para um projeto, o líder organiza uma reunião para que ambos expressem suas preferências. Ao identificar um interesse comum na eficiência do projeto, o líder sugere uma solução híbrida que integra partes de ambas as propostas, satisfazendo as necessidades de ambos.

Mediação

Definição e Importância:

A mediação é uma técnica de resolução de conflitos em que uma terceira pessoa, imparcial, ajuda as partes a chegarem a um acordo. Essa técnica é útil em situações em que os envolvidos têm dificuldades para se comunicar diretamente ou onde o conflito já atingiu um nível mais intenso. O papel do mediador é facilitar o diálogo, identificar interesses comuns e promover uma solução que seja aceita por ambas as partes.

Como Conduzir a Mediação:

1. **Estabeleça Regras de Respeito:** Defina normas de conduta para garantir que a conversa seja respeitosa e produtiva.

2. **Ouça Ambas as Partes Separadamente:** Isso ajuda a entender melhor os interesses e motivações de cada um antes de iniciar a mediação conjunta.

3. **Facilite o Diálogo:** Incentive as partes a falar diretamente entre si, expressando suas preocupações e ouvindo as respostas.

4. **Proponha Soluções Neutras:** Ajude as partes a explorarem soluções que não favoreçam uma das partes de forma desproporcional.

Exemplo Prático de Mediação:

Imagine um conflito entre duas equipes que precisam compartilhar recursos limitados. Como mediador, o líder organiza uma reunião onde ambas as partes expõem suas necessidades e percepções. Com base nas informações fornecidas, o líder sugere um cronograma de uso dos recursos, garantindo que ambos os lados tenham acesso equitativo e promovendo a cooperação.

Estudos de Caso: Aplicação de Ferramentas e Técnicas de Resolução

1. **Estudo de Caso 1:** Escuta Ativa e Comunicação Assertiva em um Conflito Relacional

   - **Contexto:** Dois colaboradores de uma equipe de design frequentemente entram em desacordo devido a estilos de comunicação opostos. A tensão afeta a produtividade e cria um ambiente desconfortável.

- **Aplicação:** O líder utiliza a escuta ativa para entender as percepções de cada colaborador e, em seguida, organiza uma reunião onde aplica técnicas de comunicação assertiva, incentivando ambos a expressarem suas necessidades sem julgamento.

- **Resultado:** A equipe consegue entender as preferências e limitações de cada um, ajustando sua forma de interagir, o que melhora o relacionamento e a eficiência do trabalho conjunto.

2. **Estudo de Caso 2: Negociação e Compromisso em um Projeto de Desenvolvimento de Software**

    - **Contexto:** Uma equipe de desenvolvimento de software está dividida sobre qual tecnologia utilizar para um novo produto. A divisão gera atrasos e compromete o cronograma do projeto.
    - **Aplicação:** O líder realiza uma sessão de negociação onde os membros são encorajados a propor uma solução intermediária que combine aspectos das duas tecnologias. A negociação termina com ambas as partes concordando em adotar uma abordagem híbrida.
    - **Resultado:** A equipe atinge um consenso que permite a continuação do projeto sem mais atrasos, aumentando a moral e o comprometimento com o resultado.

3. **Estudo de Caso 3: Mediação em um Conflito de Recursos entre Equipes**

    - **Contexto:** Duas equipes de uma mesma empresa precisam do acesso a um laboratório para realizar suas atividades, mas o cronograma de uso é conflitante.

    - **Aplicação:** O líder, atuando como mediador, escuta ambas as partes e sugere um cronograma que permita o uso compartilhado do laboratório sem interferências. O acordo também estabelece uma rotina de revisão mensal para ajustes, caso necessário.

    - **Resultado:** As equipes conseguem trabalhar de forma organizada e colaborativa, utilizando o laboratório conforme o planejado e sem conflitos adicionais.

CAPÍTULO 5

Abordagens para Gerir Conflitos

Cada conflito exige uma abordagem específica, e não existe uma única forma correta de lidar com todos os tipos de desentendimentos. A eficácia da gestão de um conflito depende da flexibilidade e da habilidade do líder em adaptar seu estilo de acordo com o contexto e as pessoas envolvidas. Neste capítulo, exploraremos os estilos mais comuns de gestão de conflito, discutiremos suas características e mostraremos como e quando aplicá-los de forma eficaz.

Estilos de Gestão de Conflito

Existem cinco estilos principais para lidar com conflitos: acomodação, evitação, colaboração, competição e compromisso. A escolha do estilo deve considerar a gravidade do conflito, o impacto no ambiente de trabalho e o perfil dos envolvidos. Vamos detalhar cada um desses estilos para que você possa identificar quando e como aplicá-los.

1. **Acomodação**

    - **Definição e Características:** A acomodação é uma abordagem que prioriza a satisfação das necessidades da outra parte em detrimento das próprias. Esse estilo é útil em situações onde o relacionamento com a outra parte é mais importante do que o assunto em disputa ou quando o impacto do conflito é baixo para quem decide ceder.

    - **Exemplo Prático:** Em uma reunião de equipe, João insiste em usar uma metodologia específica para um projeto. Você acredita que outra abordagem seria melhor, mas, considerando a experiência de João na área e o desejo de manter a harmonia, decide aceitar a proposta dele. Nesse caso, a acomodação serve para evitar um conflito prolongado e promover a coesão da equipe.

Quando Usar a Acomodação:

- Quando o conflito envolve um tema de baixa importância para você.

- Quando o relacionamento com a outra parte é prioritário.

- Em situações onde uma solução rápida é necessária e o impacto é mínimo.

2. Evitação

- **Definição e Características:** A evitação é uma abordagem que consiste em ignorar o conflito ou adiá-lo, não tomando uma posição ativa. Este estilo é útil quando o conflito é trivial, quando você precisa de mais tempo para refletir ou quando se encontra em uma situação emocionalmente carregada que pode prejudicar a comunicação.

- **Exemplo Prático:** Imagine que você está em uma reunião onde surgem divergências sobre um tema pouco relevante. Ao perceber que a discussão pode se tornar mais acalorada e improdutiva, decide adiar a conversa para um momento mais adequado. Essa abordagem permite que as emoções esfriem e que as partes envolvidas possam refletir antes de retomar o assunto.

Quando Usar a Evitação:

- Quando o conflito não tem grande impacto.

- Em situações onde o tempo ou a reflexão podem ajudar a resolver o problema.

- Em contextos emocionalmente tensos, onde é melhor adiar a resolução.

3. Colaboração

- **Definição e Características:** A colaboração é um estilo que busca satisfazer as necessidades de todas as partes envolvidas no conflito. Essa abordagem exige abertura para ouvir todas as perspectivas, identificar interesses comuns e trabalhar em conjunto para encontrar uma solução que beneficie a todos. Embora demande mais tempo e esforço, fortalece o relacionamento e promove soluções sustentáveis.
- **Exemplo Prático:** Em uma equipe multidisciplinar, os profissionais de marketing e vendas discordam sobre o público-alvo de uma campanha. Ao invés de optar por uma abordagem unilateral, o líder organiza uma reunião colaborativa onde ambos os grupos compartilham dados e insights. A solução encontrada combina os interesses das duas áreas, promovendo uma campanha mais equilibrada e eficaz.

Quando Usar a Colaboração:

- Em conflitos onde todos os envolvidos precisam estar satisfeitos com o resultado.

- Em situações complexas que demandam soluções inovadoras.

- Quando o relacionamento entre as partes é importante e deve ser fortalecido.

5. Competição

- **Definição e Características:** A competição é um estilo em que uma das partes busca ganhar o conflito, impondo sua própria solução. Este estilo é útil em situações de emergência ou quando uma decisão precisa ser tomada rapidamente. A competição pode ser eficaz em casos onde há um alto nível de confiança na decisão e quando o impacto do conflito justifica a assertividade.

- **Exemplo Prático:** Imagine que, em uma situação de crise, a equipe está dividida sobre como resolver um problema técnico que afeta o cliente. Como líder, você toma a decisão de forma assertiva e rápida, priorizando a solução que acredita ser a mais eficaz para minimizar o impacto no cliente.

Quando Usar a Competição:

- Em situações de emergência ou crise.

- Quando é necessário tomar uma decisão rápida.

- Em conflitos de alto impacto onde você possui alta confiança na solução.

6. Compromisso

- **Definição e Características:** O compromisso é uma abordagem intermediária, onde cada parte renuncia a algo para que uma solução seja alcançada. Este estilo é especialmente útil em situações onde o tempo é limitado e uma solução rápida é necessária, e quando o impacto de um conflito prolongado seria negativo para todos.

- **Exemplo Prático:** Duas equipes discordam sobre o orçamento de um projeto. Após uma discussão onde ambas as partes apresentam suas prioridades, chegam a um acordo em que cada uma renuncia a certos itens para respeitar o limite orçamentário. Nesse caso, o compromisso permite que o projeto avance sem prejuízo para a organização.

Quando Usar o Compromisso:

- Quando uma solução rápida é necessária.

- Em situações onde o impacto do conflito precisa ser minimizado rapidamente.

- Quando há uma disposição para abrir mão de certos pontos para alcançar o bem comum.

Ajuste de Estilo ao Contexto

Nem todos os conflitos se resolvem com o mesmo estilo de gestão, e o uso de uma abordagem flexível é essencial para um líder. Adaptar o estilo ao contexto exige uma compreensão aprofundada da situação, das pessoas envolvidas e do impacto potencial do conflito. A seguir, apresentamos estratégias para ajustar o estilo de acordo com o contexto.

Estratégias para Ajuste de Estilo

1. **Avalie o Impacto do Conflito:**

   - Em conflitos de baixo impacto, considere estilos como acomodação e evitação para resolver rapidamente sem comprometer os recursos.

   - Para conflitos de alto impacto, como disputas de orçamento ou questões de liderança, estilos como colaboração ou competição podem ser mais eficazes.

2. **Considere a Importância do Relacionamento:**

   - Quando o relacionamento entre as partes é crítico para o sucesso do trabalho, a colaboração ou o compromisso são geralmente os melhores estilos.

   - Em situações onde o relacionamento não é prioridade imediata, a competição pode ser eficaz, desde que o contexto justifique essa assertividade.

3. **Observe o Nível de Confiança e Segurança Psicológica:**

   - Em equipes com alta confiança e abertura, o estilo de colaboração geralmente traz melhores resultados.

   - Em contextos onde a confiança ainda não foi totalmente estabelecida, a acomodação ou evitação podem ajudar a evitar conflitos desnecessários.

4. **Adapte-se ao Nível de Complexidade:**

   - Conflitos complexos e multifacetados, como os que envolvem várias partes ou interesses diversos, frequentemente exigem uma abordagem colaborativa.

   - Conflitos simples ou com soluções óbvias podem ser resolvidos rapidamente com um estilo de competição ou acomodação.

Estudos de Caso: Estilos de Gestão de Conflito em Ação

1. **Estudo de Caso 1: Acomodação para Promover a Harmonia em uma Equipe**

   - **Contexto:** Durante uma reunião para decidir o layout de um novo site, dois designers apresentam visões opostas. Como o projeto já está em fase final e o impacto da decisão é pequeno, o líder opta por acomodar a visão de um dos designers para promover a harmonia e evitar atrasos.

   - **Resultado:** A escolha preserva o bom relacionamento na equipe, e o projeto avança sem interferências.

2. **Estudo de Caso 2: Evitação em um Conflito de Baixo Impacto**

   - **Contexto:** Em uma discussão sobre a ordem de tarefas de um projeto, dois membros da equipe discordam de maneira acalorada. Como o impacto da ordem é irrelevante, o líder decide adiar a discussão para uma reunião de revisão, quando haverá mais dados para uma decisão embasada.

   - **Resultado:** A equipe retoma o trabalho, e o conflito é resolvido posteriormente sem maiores tensões.

3. **Estudo de Caso 3: Colaboração em um Projeto Interdepartamental**

   - **Contexto:** Equipes de marketing e vendas discordam sobre a abordagem para o lançamento de um produto. O líder organiza uma sessão colaborativa onde cada equipe compartilha suas ideias e constrói uma solução conjunta que atende aos objetivos de ambos os departamentos.

   - **Resultado:** A campanha é lançada com o apoio total das duas equipes, promovendo um ambiente de confiança e respeito mútuo.

4. **Estudo de Caso 4: Competição para Resolução Rápida em Situação de Crise**

   - **Contexto:** Durante um incidente de TI, dois gestores apresentam soluções divergentes para minimizar o impacto no cliente. O líder assume uma postura competitiva e determina rapidamente a solução mais eficaz, priorizando a redução de riscos para o cliente.

- **Resultado:** A decisão rápida ajuda a resolver a crise e minimiza os danos, demonstrando a capacidade do líder de agir decisivamente em situações críticas.

5. **Estudo de Caso 5: Compromisso em uma Negociação Orçamentária**

- **Contexto:** Em uma negociação para o orçamento anual, duas áreas disputam recursos para projetos prioritários. O líder promove uma reunião de compromisso, onde ambas as áreas são incentivadas a ajustar suas solicitações para respeitar o orçamento da empresa.

- **Resultado:** A negociação termina com um acordo satisfatório para ambas as áreas, preservando a colaboração e permitindo que os projetos avancem sem comprometimento financeiro.

CAPÍTULO 6

O Papel da Tecnologia na Gestão de Conflitos

A transformação digital alterou profundamente a forma como as organizações operam e como as equipes interagem. Essa mudança vai além da implementação de novas ferramentas; ela exige que empresas e colaboradores se adaptem a um novo modo de pensar, no qual a agilidade, a transparência e a colaboração são imperativas. Neste capítulo, exploramos como a tecnologia, catalisada pela transformação digital, impacta a gestão de conflitos em diversos níveis, desde a comunicação até a análise de dados e o feedback contínuo.

1. A Transformação Digital e Suas Implicações para a Gestão de Conflitos

A transformação digital não é apenas a introdução de tecnologias, mas uma reconfiguração das estruturas e práticas organizacionais. Ela cria ambientes de trabalho mais dinâmicos, com equipes frequentemente distribuídas e menos dependentes de processos rígidos. No entanto, a adaptação a esse ambiente digital traz novos desafios, especialmente no que diz respeito aos conflitos.

- **Mudança Cultural e Organizacional**

A transformação digital requer uma cultura organizacional que valorize a inovação e o aprendizado contínuo. Ela introduz mudanças rápidas nos processos e nas ferramentas utilizadas, exigindo que as equipes estejam dispostas a experimentar e adaptar-se. Essa cultura de inovação é fundamental, mas também gera tensões, especialmente entre membros da equipe que podem ter diferentes níveis de familiaridade e conforto com a tecnologia.

- **Flexibilidade e Agilidade**

Em um ambiente de constante mudança, a flexibilidade se torna um valor central. As equipes precisam estar preparadas para ajustar suas práticas e aprender novas competências rapidamente. No entanto, a flexibilidade excessiva também pode criar conflitos, como a ambiguidade nas funções e a sobrecarga de informações. As demandas de adaptação e flexibilidade podem ser fontes de estresse e tensão, que os líderes precisam identificar e gerenciar.

2. Comunicação em Ambientes Digitais

A comunicação digital oferece oportunidades e desafios. Em uma era onde a comunicação ocorre majoritariamente por meio de plataformas digitais, os colaboradores estão mais conectados do que nunca, mas também mais suscetíveis a mal-entendidos. A falta de interações presenciais pode levar a interpretações errôneas e a um aumento na sensação de isolamento, dificultando a construção de relações de confiança.

- **Comunicação Assíncrona e Suas Implicações**

Com a digitalização, a comunicação assíncrona — em que mensagens são enviadas e respondidas em horários diferentes — se tornou comum. Esse formato oferece maior flexibilidade, mas pode gerar conflitos quando há urgência ou necessidade de uma resposta imediata. Além disso, a comunicação assíncrona pode dar margem a interpretações equivocadas, já que o tom e a linguagem corporal estão ausentes. Os líderes devem estar atentos a esses desafios, incentivando a clareza e a objetividade nas mensagens e promovendo espaços para alinhamentos em tempo real quando necessário.

3. Ferramentas Digitais para Monitoramento e Feedback Contínuo

A tecnologia permite que o líder monitore o clima organizacional e obtenha feedback contínuo de forma estruturada e, quando necessário, anônima. Isso possibilita que colaboradores compartilhem suas opiniões com segurança, revelando tensões que poderiam se manifestar em conflitos.

- **Feedback Estruturado e Prevenção de Conflitos**

Com o feedback contínuo, líderes podem identificar rapidamente quando uma equipe está sob pressão ou quando há descontentamento em relação a um projeto específico. Essa prática permite que o líder aborde potenciais conflitos de forma preventiva. O feedback estruturado também cria uma cultura de transparência, onde os colaboradores se sentem valorizados e respeitados.

- **Análise de Dados Emocionais**

A análise de dados sobre o clima emocional da equipe ajuda a prever conflitos e a monitorar tendências de satisfação. A transformação digital permite o uso de algoritmos para interpretar o tom das mensagens e o engajamento dos colaboradores, oferecendo ao líder uma visão clara sobre os níveis de motivação e as áreas onde pode haver tensão. Isso permite que os líderes façam intervenções antecipadas, evitando que pequenos desentendimentos evoluam para conflitos.

4. Mediação e Resolução de Conflitos em Ambientes Digitais

Com a tecnologia, as empresas podem realizar mediações à distância, essencial para equipes distribuídas ou remotas. As sessões virtuais de mediação permitem que os colaboradores resolvam suas diferenças de forma estruturada e em um ambiente seguro, mesmo sem a presença física.

- **Estruturação de Espaços Virtuais para Diálogo**

A transformação digital introduz plataformas específicas para discussões focadas, que facilitam o diálogo direto e organizado entre as partes envolvidas. Essas plataformas oferecem um ambiente onde as preocupações podem ser expressas e abordadas de forma eficiente, ajudando a construir um espaço de respeito mútuo.

- **Benefícios e Limitações da Mediação Virtual**

Embora a mediação virtual permita a resolução de conflitos à distância, ela também tem limitações. A ausência de comunicação não-verbal pode dificultar a expressão de emoções, especialmente em situações delicadas. É importante que o líder ou mediador estabeleça diretrizes de comunicação que promovam a clareza e o respeito.

5. Inteligência Artificial e Análise Preditiva na Gestão de Conflitos

A inteligência artificial desempenha um papel crescente na identificação e prevenção de conflitos. Com o uso de análise preditiva, os líderes podem antecipar potenciais focos de tensão, ajustando suas abordagens conforme necessário.

- **Análise de Sentimento e Previsão de Tensão**

A análise de sentimento permite que a liderança monitore o tom e as emoções nas comunicações da equipe. Ao analisar o teor emocional das interações, a tecnologia pode identificar um aumento de estresse ou insatisfação, sinalizando ao líder a necessidade de intervenção. Essa análise preditiva ajuda a detectar padrões de conflito antes que eles se tornem críticos, permitindo que o líder atue preventivamente.

- **Automatização de Processos de Conflito e Feedback**

A transformação digital permite a automatização de processos, como a coleta e análise de feedbacks frequentes, ajudando a monitorar continuamente o clima organizacional. A automação libera tempo para que o líder foque em interações diretas, ao mesmo tempo em que mantém um olhar atento sobre o bem-estar da equipe.

6. Organização e Clareza nas Responsabilidades com o Suporte da Tecnologia

Uma das causas mais comuns de conflito é a falta de clareza nas responsabilidades. A transformação digital introduziu ferramentas de gestão de tarefas que organizam e delegam atividades de forma transparente, reduzindo o risco de ambiguidade.

- **Definição e Acompanhamento de Tarefas**

As plataformas digitais de organização visual permitem que todos os membros da equipe acompanhem o andamento das tarefas e entendam claramente suas responsabilidades. Isso é especialmente útil em projetos complexos, onde a colaboração entre múltiplas áreas é essencial. A tecnologia promove uma estrutura de trabalho organizada, onde as responsabilidades são bem definidas, evitando duplicação de esforços e conflitos de processo.

- **Promovendo a Colaboração com Visibilidade**

Ao permitir que todos os membros vejam o progresso e as responsabilidades dos outros, a tecnologia cria um ambiente colaborativo e transparente. Isso evita que as pessoas sintam que seu trabalho está sendo ignorado ou duplicado e reduz conflitos sobre o status de uma tarefa ou sobre quem deve ser responsável por uma determinada etapa do projeto.

CAPÍTULO 7

Inteligência Artificial na Gestão de Conflitos

A inteligência artificial (IA) tem revolucionado o ambiente corporativo em diversos aspectos, incluindo a gestão de conflitos. Ao oferecer ferramentas que ajudam na identificação, monitoramento e até mesmo na mediação de desentendimentos, a IA se torna uma aliada estratégica para líderes e equipes. Este capítulo explora como a IA pode apoiar a resolução de conflitos, destacando suas aplicações, benefícios, limitações e estudos de caso, mostrando como sua integração pode transformar o ambiente de trabalho.

1. Introdução ao Papel da IA na Gestão de Conflitos

A IA permite analisar grandes volumes de dados e padrões de comunicação, tornando-se uma ferramenta poderosa para monitorar o clima organizacional e prever possíveis conflitos. Utilizando algoritmos de aprendizado de máquina e processamento de linguagem natural, a IA pode identificar sinais de tensão, facilitando uma gestão mais proativa dos conflitos.

• Identificação de Sinais Precoces de Conflito

A IA pode monitorar interações e identificar sinais de desentendimento antes que o conflito se intensifique. Ferramentas de análise de sentimentos, por exemplo, são capazes de detectar variações no tom de voz ou mudanças na linguagem usada, permitindo uma intervenção rápida e preventiva.

Aplicações Práticas:

- **Monitoramento de Comunicação Digital:** Análise de e-mails, mensagens e interações digitais para identificar indícios de insatisfação.

- **Análise de Humor Organizacional:** Ferramentas de análise de sentimentos para monitorar o clima organizacional em tempo real, detectando sinais de desmotivação ou tensão.

- **Facilitação de Diálogo e Mediação Automatizada**

Alguns sistemas de IA podem atuar como facilitadores em processos de mediação, guiando as partes em conflito por meio de perguntas direcionadas e promovendo o diálogo construtivo.

Aplicações Práticas:

- **Plataformas de Mediação Automatizada:** Soluções de IA que utilizam perguntas guiadas para facilitar a mediação entre colaboradores de forma neutra.

- **Assistentes Virtuais para Feedback:** Ferramentas que coletam feedbacks anônimos, ajudando as partes envolvidas a entenderem a perspectiva do outro.

2. Benefícios da Inteligência Artificial na Resolução de Conflitos

- **Imparcialidade e Redução de Viés**

A IA oferece imparcialidade, o que pode ser difícil de alcançar em mediações tradicionais. Ao analisar interações com base em dados, a IA remove o fator humano de julgamento, garantindo que todos sejam tratados de maneira justa.

Exemplo de Aplicação: Plataformas de feedback anônimo que coletam percepções sem identificar os envolvidos, garantindo decisões imparciais.

- **Eficiência na Identificação e Resolução de Conflitos**

Com a análise contínua de dados, a IA permite uma intervenção rápida ao identificar padrões de descontentamento na equipe. Isso agiliza a tomada de decisões e minimiza o impacto de conflitos no ambiente de trabalho.

Exemplo de Aplicação: Ferramentas que monitoram o humor organizacional, enviando alertas sobre áreas ou equipes que apresentam indícios de insatisfação.

- **Melhoria do Monitoramento do Clima Organizacional**

  A IA permite uma visão em tempo real do clima organizacional, identificando os níveis de satisfação e engajamento dos colaboradores. Essa análise contínua proporciona uma gestão de conflitos mais proativa e uma capacidade maior de resposta.

Exemplo de Aplicação: Análise de sentimentos para capturar as tendências de satisfação da equipe, fornecendo insights para intervenções corretivas.

3. Limitações e Desafios da Inteligência Artificial na Gestão de Conflitos

- **Falta de Compreensão Contextual**

  Embora a IA seja eficaz na análise de dados, ela pode ter dificuldades em entender as nuances e o contexto cultural das interações humanas. Isso limita a precisão de suas análises, pois os algoritmos podem interpretar interações de forma literal, sem captar tons e significados subjacentes.

Desafios:

- Interpretações erradas devido a palavras ambíguas ou expressões idiomáticas.

- Dificuldade em captar sutilezas culturais ou emocionais nas interações.

- Risco de Privacidade e Ética

O uso de IA para monitorar sentimentos e interações pode levantar preocupações quanto à privacidade. Para evitar um clima de desconfiança, é fundamental que as organizações estabeleçam políticas de transparência e respeitem a privacidade dos colaboradores.

Desafios:

- Necessidade de transparência sobre quais dados são coletados e como serão usados.

- Respeitar limites de privacidade para evitar práticas invasivas.

- Dependência Excessiva da Tecnologia

Apesar de seus benefícios, a IA não substitui o julgamento humano. Uma dependência excessiva da IA pode enfraquecer as habilidades interpessoais dos líderes, que ainda são cruciais para a resolução empática e personalizada de conflitos.

Desafios:

- Assegurar que a IA seja uma ferramenta complementar, e não um substituto das práticas tradicionais.

- Manter o desenvolvimento de habilidades emocionais e interpessoais, garantindo que os líderes estejam preparados para resolver conflitos que exigem um toque humano.

4. Boas Práticas para a Integração da IA na Gestão de Conflitos

Para aplicar a IA de forma ética e eficaz, é importante adotar práticas que garantam transparência, privacidade e um equilíbrio entre a tecnologia e a interação humana.

- **Transparência e Comunicação Aberta**
-

É essencial que as organizações sejam claras com os colaboradores sobre o uso da IA na gestão de conflitos, explicando os benefícios e as limitações.

Prática Recomendada: Realizar sessões de esclarecimento sobre o uso da IA, os objetivos do monitoramento e as medidas de segurança adotadas.

- **Uso da IA como Suporte, Não como Substituto**

A IA deve atuar como suporte para a tomada de decisões, sem substituir o julgamento humano. A abordagem ideal é a integração da IA como ferramenta que auxilia e não domina a gestão de conflitos.

Prática Recomendada: Treinamento contínuo de líderes para interpretar dados de IA e utilizar insights de forma equilibrada, mantendo a resolução empática dos conflitos.

- **Definição de Políticas de Privacidade e Ética**

Para proteger os dados e garantir a transparência, é necessário que a organização defina políticas de uso e privacidade claras, com o consentimento dos colaboradores.

Prática Recomendada: Estabelecer políticas que descrevam como os dados serão utilizados e protegidos, respeitando a privacidade dos colaboradores.

5. **Estudos de Caso: Aplicação da Inteligência Artificial na Gestão de Conflitos**

   1. **Estudo de Caso 1: Monitoramento de Humor Organizacional em uma Empresa de Tecnologia**

      - **Contexto:** Em uma empresa de tecnologia, a liderança implementou uma plataforma de análise de sentimentos para monitorar o humor organizacional. A ferramenta identificou áreas com altos níveis de insatisfação, permitindo intervenções proativas.

      - **Ação:** A empresa realizou sessões de feedback e ajustou a carga de trabalho nas áreas críticas.

      - **Resultado:** A melhoria no clima organizacional reduziu o turnover e aumentou a satisfação da equipe.

   2. Estudo de Caso 2: Mediação Automatizada em uma Equipe de Atendimento ao Cliente

      - **Contexto:** Em uma equipe de atendimento, conflitos frequentes surgiam devido à pressão e aos prazos. A empresa adotou uma plataforma de mediação automatizada para facilitar o diálogo.

      - **Ação:** A IA guiou conversas entre os membros da equipe, ajudando-os a encontrar soluções em conjunto.

      - **Resultado:** A plataforma de mediação reduziu conflitos e promoveu um ambiente de trabalho mais harmonioso e colaborativo.

CAPÍTULO 8

Gestão de Conflitos em Equipes Remotas e Híbridas

Com o crescimento dos modelos de trabalho remoto e híbrido, surgem novos desafios para a gestão de conflitos. Equipes distribuídas e que interagem principalmente por meio de plataformas digitais enfrentam dificuldades específicas, como a falta de comunicação não verbal, a sensação de isolamento e as diferenças nos fusos horários. Este capítulo explora estratégias para identificar e resolver conflitos nesses ambientes, promovendo a coesão e o bem-estar da equipe.

1. Características Únicas de Conflitos em Ambientes Remotos e Híbridos

As equipes remotas e híbridas operam em um contexto diferente das equipes presenciais, onde o contato direto facilita a comunicação e a resolução de problemas. A distância física e a dependência de ferramentas digitais alteram a dinâmica de interação, criando condições para novos tipos de conflitos.

Isolamento e Falta de Coesão

- **Impacto do Isolamento:** O trabalho remoto pode aumentar a sensação de isolamento entre os colaboradores, especialmente em equipes onde o contato regular é mínimo. Essa desconexão pode levar a um distanciamento emocional entre os membros da equipe, tornando-os mais suscetíveis a mal-entendidos e menos inclinados a buscar ajuda uns com os outros.

• **Falta de Coesão:** Sem o contato diário, os colaboradores podem perder o senso de identidade coletiva. A coesão da equipe, que normalmente é construída por meio de interações regulares e informais, torna-se mais difícil de estabelecer. Esse ambiente pode amplificar conflitos, pois os membros da equipe se sentem menos integrados ao grupo e menos comprometidos com os objetivos coletivos.

Comunicação Assíncrona e Fuso Horário

• **Desafios da Comunicação Assíncrona:** A comunicação em equipes remotas frequentemente ocorre de maneira assíncrona, com mensagens trocadas em horários distintos. Embora a comunicação assíncrona ofereça flexibilidade, ela pode dificultar a resolução rápida de problemas e criar interpretações equivocadas, já que o contexto emocional de uma mensagem nem sempre é claro.
• **Diferenças de Fuso Horário:** Em equipes globais, os fusos horários podem restringir o tempo disponível para interações em tempo real. Isso pode levar a desentendimentos sobre prazos e prioridades, além de dificultar a coordenação e a tomada de decisões. Quando não gerenciadas, essas diferenças podem gerar sentimentos de frustração e desequilíbrio.

2. Identificação de Conflitos em Equipes Remotas e Híbridas

A identificação de conflitos em ambientes remotos requer atenção redobrada, uma vez que os sinais sutis de tensão — como o tom de voz ou a linguagem corporal — são menos perceptíveis. Para gerenciar conflitos nesses ambientes, líderes precisam desenvolver novos métodos de observação e comunicação.

Indicadores de Conflito em Ambientes Digitais

• **Queda de Engajamento e Participação:** Um dos sinais mais comuns de conflitos em equipes remotas é a redução do engajamento nas reuniões virtuais e nas conversas de equipe. Quando um colaborador se torna mais reservado ou evita compartilhar opiniões, isso pode ser um indicativo de desconforto ou insatisfação.

•

- **Interações Passivo-Agressivas:** Em mensagens escritas, o tom de passivo-agressividade pode se manifestar por meio de respostas curtas, sarcasmo ou falta de colaboração. Embora nem sempre seja fácil identificar o tom por escrito, o padrão de comunicação de cada colaborador pode revelar pistas de insatisfação.

- **Atrasos e Falta de Responsividade:** Em ambientes onde a comunicação é crucial para o fluxo de trabalho, atrasos constantes nas respostas podem indicar desmotivação ou desentendimento. Quando a falta de resposta se torna recorrente, é importante investigar as causas, pois podem estar relacionadas a um conflito subjacente.

3. **Estratégias de Resolução de Conflitos em Equipes Remotas e Híbridas**

Resolver conflitos em ambientes remotos exige que o líder adote uma abordagem proativa, promovendo canais de comunicação claros e espaços para interação. As estratégias de resolução precisam ser adaptadas para garantir que todos os membros da equipe se sintam ouvidos e compreendidos, mesmo à distância.

Estabelecimento de Normas e Regras de Comunicação

- **Normas de Comunicação Digital:** Estabelecer regras claras para a comunicação digital é essencial para evitar mal-entendidos. Defina diretrizes sobre o uso de e-mails, mensagens instantâneas e reuniões, incluindo o tom adequado e os prazos para resposta. Essas normas ajudam a criar uma cultura de respeito e reduzem as chances de conflitos causados por comunicação inadequada.
- **Reuniões de Alinhamento e Feedback:** Organize reuniões regulares de alinhamento, onde os membros da equipe podem compartilhar atualizações e desafios. Essas reuniões criam oportunidades para identificar e resolver problemas antes que eles se transformem em conflitos. Também é importante incluir sessões de feedback individual, onde cada colaborador tem a oportunidade de expressar suas necessidades e preocupações.

4. **Ferramentas de Feedback e Monitoramento do Clima da Equipe**

- **Feedback Anônimo e Pesquisas de Clima:** Em equipes remotas, o feedback anônimo permite que os colaboradores compartilhem suas percepções sem medo de represálias. Pesquisas de clima ajudam a monitorar a satisfação e o bem-estar dos membros, revelando áreas de potencial conflito.

- **Acompanhamento do Engajamento:** Utilizar ferramentas de monitoramento de engajamento é uma prática útil para acompanhar a participação de cada membro nas atividades da equipe. Se um colaborador demonstra uma queda de engajamento, o líder pode abordar a situação e oferecer suporte, evitando que problemas de engajamento se transformem em conflitos.

5. Fortalecimento da Coesão e do Sentimento de Pertencimento

A construção de um senso de pertencimento é essencial para reduzir conflitos em equipes remotas. Colaboradores que se sentem integrados e valorizados têm mais confiança uns nos outros e tendem a resolver divergências de forma construtiva.

Incentivo à Socialização Virtual

- **Atividades de Integração:** Promova atividades de socialização virtual, como reuniões informais ou sessões de café virtual, onde os colaboradores possam interagir de forma descontraída. Essas atividades ajudam a construir laços entre os membros da equipe, diminuindo o distanciamento emocional que pode levar a conflitos.

- **Reconhecimento Público e Privado:** Reconheça o trabalho dos colaboradores em reuniões e plataformas de comunicação da empresa. O reconhecimento fortalece o sentimento de pertencimento e valoriza a contribuição individual, aumentando a coesão da equipe e reduzindo tensões.

6. Ferramentas para Facilitar a Colaboração e a Transparência

A transparência nas responsabilidades e o uso de ferramentas colaborativas ajudam a evitar mal-entendidos e conflitos de papel em equipes remotas e híbridas. Plataformas de gestão de projetos e comunicação visual são essenciais para garantir que todos os membros saibam o que é esperado de cada um.

Uso de Plataformas de Colaboração

- **Gestão de Tarefas e Projetos:** Plataformas de gestão de tarefas permitem uma visualização clara das responsabilidades e do andamento das atividades. Cada colaborador pode acessar informações sobre seu papel e acompanhar o progresso do trabalho, evitando sobreposição de funções e desentendimentos.

- **Documentação e Compartilhamento de Informações:** A falta de acesso à informação é uma das principais causas de conflito em equipes distribuídas. Ferramentas de compartilhamento de documentos garantem que todos os membros tenham acesso aos recursos necessários para seu trabalho, evitando frustrações e promovendo a transparência.

7. **Estudos de Caso: Conflitos em Equipes Remotas e Híbridas**

1. **Estudo de Caso 1: Conflito de Responsabilidades em uma Equipe de Marketing**

   - **Contexto:** Em uma equipe de marketing que trabalha remotamente, a falta de clareza sobre as funções de cada membro gerou um conflito de responsabilidades, com sobreposição de tarefas e prazos não cumpridos.

   - **Solução:** A liderança implementou uma plataforma de gestão de tarefas, onde as responsabilidades e prazos de cada membro foram definidos de forma transparente. Com a clareza nas atribuições, o conflito foi resolvido e a equipe conseguiu melhorar o alinhamento.

   - **Resultado:** O uso da plataforma trouxe uma maior organização e clareza sobre as funções de cada um, evitando a repetição de conflitos e melhorando a eficiência da equipe.

2. **Estudo de Caso 2: Isolamento e Falta de Engajamento em uma Equipe de Tecnologia**

   - **Contexto:** Em uma equipe de desenvolvimento de software remoto, um colaborador começou a demonstrar falta de engajamento e isolamento durante as reuniões virtuais, o que afetou a colaboração com os demais membros.

- **Solução:** O líder promoveu reuniões de check-in individuais para entender as preocupações do colaborador. Descobriu-se que ele se sentia desconectado da equipe e inseguro para compartilhar suas ideias. Foram organizadas atividades de socialização virtual e reuniões semanais para promover um ambiente mais acolhedor.

- **Resultado:** O colaborador se sentiu mais integrado à equipe e voltou a participar ativamente das atividades. A comunicação melhorou e a equipe se tornou mais coesa.

3. **Estudo de Caso 3: Conflito de Comunicação em uma Empresa de Consultoria Global**

    - **Contexto:** Em uma consultoria com colaboradores em fusos horários diferentes, a falta de comunicação em tempo real gerou desentendimentos sobre prazos e prioridades.

    - **Solução:** A empresa implementou normas de comunicação, definindo janelas de horário em que todos estariam disponíveis para interações em tempo real. Além disso, foram criados canais específicos para alinhamento sobre prazos e entregas.

    - **Resultado:** A criação de normas e canais de comunicação eliminou os conflitos de fuso horário, facilitando a colaboração e melhorando a eficiência.

CAPÍTULO 9

Comunicação Efetiva e Escuta Ativa na Resolução de Conflitos

A Profundidade da Comunicação na Gestão de Conflitos

A comunicação é a espinha dorsal da resolução de conflitos. Mais do que apenas transmitir informações, ela cria um espaço para a troca de ideias, sentimentos e valores. Em situações de conflito, uma comunicação ineficaz pode transformar um pequeno desentendimento em uma crise significativa. Por outro lado, uma comunicação clara, respeitosa e empática pode ser o alicerce para resolver e até prevenir conflitos.

1. **Princípios Fundamentais da Comunicação no Contexto de Conflitos**

Comunicação Transparente

A comunicação transparente envolve compartilhar informações de forma aberta e honesta, promovendo um ambiente de confiança. A falta de transparência é uma das causas mais comuns de conflitos, pois gera incerteza e desconfiança entre os membros da equipe.

Aplicação Prática: Estabeleça um canal de comunicação onde todos os envolvidos possam ter acesso às mesmas informações, garantindo que não existam "zonas cinzentas" ou interpretações ambíguas. A transparência pode ser promovida por meio de boletins regulares, atualizações de projeto ou reuniões de alinhamento.

Consistência na Comunicação

Manter uma comunicação consistente significa que todos os líderes e membros da equipe compartilham e defendem as mesmas informações e diretrizes. A inconsistência, como a mudança frequente de instruções ou metas, pode gerar confusão e insegurança, levando ao conflito.

Exemplo Prático: Em uma empresa que passa por mudanças estruturais, um líder decide manter uma comunicação clara e consistente sobre as etapas e prazos de cada fase da mudança. Isso ajuda os colaboradores a se sentirem seguros e informados, reduzindo o estresse e as especulações.

2. Escuta Ativa: Indo Além do Ouvir

A escuta ativa é essencial para que as informações e os sentimentos sejam realmente compreendidos. Ela vai além de ouvir as palavras ditas e envolve captar as emoções, intenções e nuances subjacentes ao que está sendo dito. Em situações de conflito, a escuta ativa ajuda a desarmar defesas e permite que ambas as partes se sintam compreendidas.

Técnicas Avançadas de Escuta Ativa

- **Reflexão Empática:** Demonstre compreensão das emoções do outro, usando frases como "Entendo que você está frustrado porque..." ou "Parece que isso realmente incomodou você".
- **Parafrasear e Resumir:** Resuma o que foi dito com suas próprias palavras, evitando interpretações equivocadas e reforçando a mensagem.
- **Perguntas de Exploração:** Use perguntas abertas como "Como isso afetou você?" ou "Poderia me dizer mais sobre o que aconteceu?" para promover um diálogo mais profundo.
- **Validação Emocional:** Reconheça e aceite os sentimentos do outro sem julgamento, mostrando que valoriza a experiência emocional do outro.

3. Comunicação Não Violenta (CNV) e sua Aplicação em Conflitos Complexos

A CNV é uma técnica estruturada para expressar e compreender sentimentos e necessidades de forma que minimize defesas e críticas, evitando que a conversa se torne um jogo de culpa.

Etapas e Abordagens Práticas de CNV

- **Descreva a Situação de Forma Objetiva:** Inicie descrevendo o que observou, sem julgamentos ou suposições.
- **Expresse Suas Emoções:** Compartilhe como a situação o faz sentir, utilizando frases centradas em "eu". Por exemplo: "Eu me sinto sobrecarregado quando as tarefas são alteradas no último minuto".
- **Descreva a Necessidade Subjacente:** Identifique o que você precisa para que a situação melhore, demonstrando suas expectativas e o que é essencial para seu bem-estar e produtividade.
- **Faça um Pedido Concreto:** Finalize com um pedido específico e positivo, como uma sugestão de mudança ou ajuste na situação.

Benefícios da CNV: A CNV reduz reações defensivas, permitindo que cada um se expresse de maneira autêntica e sem julgamentos. Ela muda o foco da crítica para a resolução, incentivando a colaboração entre as partes.

4. Abordagem Sistêmica da Comunicação para a Resolução de Conflitos

Uma abordagem sistêmica considera o contexto mais amplo do conflito, reconhecendo que as comunicações individuais são afetadas pelo ambiente, pela cultura e pelas relações de poder. Compreender esse sistema permite identificar padrões e fatores subjacentes que contribuem para problemas de comunicação.

Análise de Padrões de Comunicação e Relações de Poder

- **Identifique Padrões de Comunicação Repetitivos:** Conflitos muitas vezes surgem de padrões de interação que se repetem. Observar como as pessoas se comunicam regularmente ajuda a identificar essas dinâmicas.
- **Compreenda as Relações de Poder:** Em alguns casos, o conflito pode estar relacionado a questões de poder ou hierarquia. Reconhecer essas influências permite uma abordagem mais empática e eficaz.

Exemplo Prático: Em uma equipe onde o líder possui uma abordagem muito direta e assertiva, os colaboradores podem hesitar em expressar preocupações. O líder, ao reconhecer o impacto de sua postura, adota uma abordagem mais aberta e incentiva os colaboradores a expressarem suas opiniões livremente.

5. Ferramentas de Comunicação para a Gestão de Conflitos

Reuniões de Escuta e Sessões de Mediação

- **Sessões de Escuta Individual:** Organize encontros onde o foco é ouvir o colaborador sem interrupções. Essas sessões permitem que o colaborador expresse suas preocupações e emoções, ajudando o líder a entender melhor os problemas.
- **Mediação com Facilitadores Neutros:** Em conflitos intensos, a presença de um mediador neutro pode guiar a conversa e manter o foco na resolução, garantindo que ambos os lados sejam ouvidos de maneira justa e ajudando a esclarecer mal-entendidos.

6. Comunicação Digital e a Influência do Ambiente Virtual

Com o aumento do trabalho remoto, a comunicação digital tornou-se essencial, mas traz desafios específicos, como a ausência de contato visual e linguagem corporal.

Estratégias para Melhorar a Comunicação Digital:

- **Defina Normas de Comunicação Escrita:** Estabeleça diretrizes sobre o tom e a clareza nas mensagens escritas para evitar mal-entendidos.

- **Use Reuniões Virtuais para Alinhamento Emocional:** Promova reuniões de alinhamento emocional por videoconferência, onde os membros da equipe possam compartilhar sentimentos e atualizações de maneira mais informal.

7. Comunicação Empática e a Importância do Reconhecimento

A comunicação empática envolve reconhecer e valorizar a perspectiva do outro, mesmo que não se concorde com ela. Em conflitos, a empatia é crucial para construir um entendimento mútuo e promover um ambiente de colaboração.

Práticas para Desenvolver a Comunicação Empática:

- **Mostre Curiosidade e Interesse Autêntico:** Faça

perguntas que demonstrem um interesse genuíno em entender o ponto de vista do outro.

- **Reconheça e Valorize Contribuições:** Agradecer e reconhecer as contribuições do outro fortalece o relacionamento e minimiza as chances de conflito.

Estudos de Caso: Comunicação Avançada em Gestão de Conflitos

1. **Estudo de Caso 1: Implementação de CNV em um Conflito entre Departamentos**

   - **Contexto:** Em uma organização, surgiram conflitos frequentes entre os departamentos de vendas e produção devido a metas conflitantes.

   - **Ação:** A liderança organizou workshops de comunicação não violenta, onde representantes de cada departamento aprenderam a expressar suas necessidades e ouvir as preocupações do outro lado.

   - **Resultado:** A CNV ajudou a reduzir as tensões e facilitou uma colaboração mais harmônica. A empresa adotou a prática de reuniões regulares para reforçar essa nova cultura de comunicação.

2. **Estudo de Caso 2: Uso de Escuta Ativa para Resolver Conflitos de Personalidade**

   - **Contexto:** Em uma equipe de desenvolvimento de software, um colaborador se sentia constantemente interrompido e desvalorizado em reuniões, o que gerou atritos.

   - **Ação:** O líder implementou sessões de escuta ativa, onde cada membro da equipe tinha tempo para expressar suas perspectivas sem interrupções.

   - **Resultado:** Com essa prática, o colaborador se sentiu ouvido e valorizado. A equipe aprendeu a respeitar os tempos de fala, promovendo um ambiente de trabalho mais respeitoso.

CAPÍTULO 10

Liderança e Autoconsciência na Gestão de Conflitos

A liderança eficaz em momentos de conflito exige mais do que apenas conhecimento técnico ou habilidades de gestão. A autoconsciência e a inteligência emocional do líder são fundamentais para que ele possa manter o equilíbrio, entender o impacto de suas próprias reações e agir de forma construtiva. Este capítulo explora a importância da autoconsciência na liderança e oferece técnicas e práticas para desenvolver uma abordagem equilibrada e positiva frente aos conflitos.

1. A Importância da Autoconsciência na Liderança

A autoconsciência é a capacidade de reconhecer e entender as próprias emoções, pensamentos e comportamentos, bem como o impacto que eles têm sobre os outros. Um líder autoconsciente gerencia melhor suas reações emocionais em momentos de tensão, criando um ambiente onde os conflitos podem ser abordados de maneira racional e empática.

Benefícios da Autoconsciência na Gestão de Conflitos

- **Redução de Reações Impulsivas:** Um líder autoconsciente evita reações impulsivas que possam intensificar um conflito.
-
- **Empatia e Escuta:** A autoconsciência aumenta a capacidade de empatia e escuta ativa do líder, promovendo uma compreensão mais profunda dos outros.

- **Tomada de Decisão Racional:** A inteligência emocional ajuda o líder a tomar decisões equilibradas, considerando tanto os aspectos racionais quanto emocionais do conflito.

Exemplo Prático: Em uma situação de desentendimento sobre prazos, um líder emocionalmente equilibrado consegue identificar se está se sentindo pressionado. Isso o ajuda a não transferir essa pressão para a equipe, buscando uma solução colaborativa.

2. Práticas de Autoconsciência para o Líder

Desenvolver a autoconsciência é um processo contínuo que envolve reflexão, autoconhecimento e abertura para feedback. Abaixo estão práticas específicas para que líderes aprofundem seu autoconhecimento e adotem uma postura equilibrada na gestão de conflitos.

Prática de Reflexão e Autoavaliação

- **Registro de Reflexões Diárias:** Reservar alguns minutos ao final do dia para refletir sobre momentos de tensão e avaliar como reagiu ajuda o líder a identificar padrões de comportamento e áreas de melhoria.

- **Journaling:** Manter um diário sobre experiências e emoções durante conflitos permite ao líder entender seus gatilhos emocionais e ajustar comportamentos.

- **Perguntas de Autoavaliação:** Questione-se regularmente: "Como minha reação afetou os outros?", "O que poderia ter feito de diferente?" ou "Quais emoções influenciaram minha resposta?"

Exercícios de Mindfulness

Mindfulness, ou atenção plena, ajuda o líder a estar presente no momento e a perceber pensamentos e emoções sem reagir automaticamente. Práticas de mindfulness permitem que o líder observe o que está sentindo sem se deixar dominar pelas emoções, sendo especialmente útil em situações de conflito.

- **Prática de Respiração Consciente:** Em momentos de tensão, uma breve pausa para respirar profundamente e focar na respiração ajuda a acalmar o sistema nervoso, promovendo uma resposta ponderada.

- **Meditação Guiada para Redução de Estresse:** Dedicar de cinco a dez minutos diários para meditações guiadas é eficaz para aumentar a resiliência emocional e melhorar o controle sobre as próprias reações.

3. Desenvolvimento da Inteligência Emocional para a Gestão de Conflitos

A inteligência emocional é a capacidade de reconhecer, entender e gerenciar as próprias emoções e as dos outros. No contexto de gestão de conflitos, a inteligência emocional permite que o líder compreenda não só suas próprias emoções, mas também as dos membros da equipe, promovendo um ambiente de resolução positiva.

Autocontrole Emocional

- **Definição e Importância:** O autocontrole emocional envolve a habilidade de gerenciar reações impulsivas, mantendo o foco em soluções construtivas. Um líder que possui autocontrole consegue agir com calma em situações de conflito, transmitindo segurança e confiança para a equipe.

- **Exemplo Prático:** Em uma reunião tensa onde dois colaboradores discutem, o líder exerce o autocontrole ao evitar reações bruscas, colocando-se como um mediador e dando espaço para que ambos se expressem, o que ajuda a diminuir as tensões.

Empatia e Habilidades Sociais

- **Desenvolvimento da Empatia:** Empatia é a capacidade de se colocar no lugar do outro e compreender sua perspectiva emocional. Em momentos de conflito, a empatia é essencial para que o líder crie um ambiente onde todos se sintam ouvidos e respeitados.

- **Construção de Relacionamentos:** Habilidades sociais, como comunicação eficaz e construção de relacionamentos, são componentes cruciais da inteligência emocional. Um líder que constrói relacionamentos fortes dentro da equipe resolve conflitos com mais facilidade, pois possui a confiança dos membros.

4. Ferramentas de Autoconsciência e Feedback

A autoconsciência pode ser fortalecida por meio de feedback contínuo e ferramentas que ajudam o líder a enxergar seus comportamentos e o impacto que têm nos outros. O feedback de pares e a autoavaliação estruturada são recursos eficazes para o desenvolvimento pessoal.

Ferramenta de Feedback 360°

- **Descrição:** O feedback 360° é uma técnica de avaliação onde o líder recebe feedback de diversos membros da equipe, como superiores, colegas e subordinados. Isso oferece uma visão ampla de como seu comportamento é percebido, especialmente em momentos de conflito.

- **Aplicação Prática:** Após um conflito, o líder pode solicitar um feedback 360° para entender melhor como sua postura foi interpretada. Isso permite que ele ajuste seu comportamento e desenvolva uma abordagem mais equilibrada e positiva.

Autoavaliação Comportamental

- **Autoavaliação Baseada em Competências:** Criar uma lista de competências específicas para a gestão de conflitos (como escuta ativa, empatia e autocontrole) permite que o líder avalie seu desempenho em cada uma delas. Realizar essa autoavaliação mensalmente possibilita um acompanhamento contínuo do desenvolvimento pessoal.

5. **Estudos de Caso: Autoconsciência na Prática de Gestão de Conflitos**

   1. **Estudo de Caso 1: Autocontrole em Situação de Conflito em uma Equipe de Produção**

      - **Contexto:** Em uma equipe de produção, surgem tensões quando o prazo de entrega de um projeto é encurtado. A equipe se sente pressionada, e um desentendimento entre dois membros ameaça o clima de trabalho.

      - **Ação:** O líder, sentindo a pressão da situação, decide usar práticas de mindfulness antes de intervir. Com uma postura mais calma, ele convoca uma reunião e permite que cada colaborador exponha suas preocupações.

      - **Resultado:** A prática de autocontrole ajudou o líder a conduzir a reunião sem aumentar a tensão. A equipe, ao se sentir ouvida, aceitou a situação com mais tranquilidade, e foi possível definir uma estratégia colaborativa para atender ao prazo.

2. **Estudo de Caso 2: Empatia e Escuta Ativa em um Conflito sobre Metas de Vendas**

- **Contexto:** Em uma equipe de vendas, um colaborador expressa frustração por não concordar com as metas definidas. O líder reconhece o impacto do conflito e decide aplicar a escuta ativa e a empatia.

- **Ação:** O líder promove uma reunião individual com o colaborador, aplicando técnicas de escuta ativa para compreender sua perspectiva e os desafios enfrentados. Após ouvir o colaborador, o líder faz ajustes nas metas, equilibrando as demandas com as limitações.

- **Resultado:** A empatia e a escuta ativa do líder geraram uma solução aceita pelo colaborador, promovendo um ambiente de trabalho mais positivo e colaborativo.

CAPÍTULO 11

Criando uma Cultura de Resolução de Conflitos

Uma cultura organizacional que valoriza a resolução construtiva de conflitos transforma desafios em oportunidades de crescimento e aprendizado. Ao criar um ambiente onde o diálogo e a resolução de problemas são incentivados, a liderança promove um espaço de trabalho onde os colaboradores se sentem à vontade para compartilhar ideias, expressar preocupações e colaborar de forma produtiva. Este capítulo explora os componentes de uma cultura de resolução de conflitos e oferece estratégias práticas para desenvolvê-la e mantê-la ao longo do tempo.

1. A Importância de uma Cultura de Resolução de Conflitos

Uma cultura de resolução de conflitos não é apenas reativa, mas também preventiva. Em vez de esperar que os problemas se manifestem, essa cultura promove o diálogo aberto e o respeito mútuo, permitindo que os conflitos sejam identificados e abordados antes que se tornem maiores. Abaixo estão alguns dos benefícios de promover essa cultura:

Benefícios de uma Cultura de Resolução de Conflitos

- **Redução do Estresse e Melhoria no Clima Organizacional:** Em um ambiente onde os conflitos são gerenciados de forma construtiva, os colaboradores sentem menos estresse e insegurança.

- **Fortalecimento da Colaboração:** A resolução positiva dos conflitos aumenta a confiança e coesão entre os membros da equipe, fortalecendo a colaboração e produtividade.

- **Retenção de Talentos:** Ambientes de trabalho que priorizam a resolução de conflitos atraem e retêm talentos, promovendo um clima de respeito e apoio.

- **Promoção de um Ciclo de Aprendizado:** A resolução construtiva de conflitos permite que a equipe aprenda com cada situação, ajustando práticas e prevenindo problemas futuros.

2. Componentes de uma Cultura de Resolução de Conflitos

Uma cultura de resolução de conflitos é composta por valores e práticas que orientam o comportamento de toda a organização. Esses componentes formam a base de uma comunicação aberta e de um ambiente de trabalho colaborativo.

Transparência e Comunicação Aberta

A transparência na comunicação é essencial para reduzir mal-entendidos e promover um clima de confiança. Isso significa que informações sobre mudanças, decisões e problemas são compartilhadas de forma aberta com todos os membros da equipe.

Aplicação Prática: Promova atualizações regulares e sessões de perguntas e respostas com a equipe, assegurando que todos compreendam o panorama organizacional e sintam que têm um espaço para expressar suas preocupações.

Respeito e Valorização da Diversidade de Ideias

Valorizar a diversidade de ideias permite que os colaboradores se sintam seguros para compartilhar perspectivas diferentes. Essa prática é fundamental para a inovação e para a resolução de conflitos, pois reconhece que as diferenças de opinião são oportunidades de crescimento.

Aplicação Prática: Incentive a equipe a expressar suas opiniões de forma construtiva e reconheça as contribuições de todos. Isso pode ser feito em reuniões de brainstorming, onde todos são incentivados a participar e suas ideias são igualmente valorizadas.

Responsabilidade e Prestação de Contas

Responsabilidade significa que cada membro da equipe está comprometido com suas ações e com os resultados de suas decisões. A prestação de contas promove um ambiente onde os erros podem ser discutidos abertamente, com foco na solução e na melhoria.

Aplicação Prática: Estabeleça processos para discutir abertamente os desafios enfrentados, sem medo de represálias. Uma prática comum é realizar "reuniões de aprendizado" para discutir os erros e as lições aprendidas, promovendo um espaço seguro para a melhoria contínua.

3. Incentivando o Diálogo e a Solução Colaborativa de Problemas

Um dos aspectos centrais de uma cultura de resolução de conflitos é o incentivo ao diálogo aberto e à solução colaborativa de problemas. Para isso, é necessário criar espaços e oportunidades para que a equipe se sinta confortável em abordar questões delicadas.

Espaços para o Diálogo Aberto

- **Reuniões de Alinhamento e Feedback:** Organize reuniões regulares de alinhamento, onde cada membro da equipe tenha a oportunidade de compartilhar suas percepções e preocupações. O objetivo é criar um espaço seguro para que os conflitos sejam discutidos e solucionados de maneira colaborativa.
- **Check-ins Individuais:** Realize check-ins periódicos com cada colaborador para identificar possíveis problemas e oferecer suporte. Esses check-ins ajudam a construir uma relação de confiança, onde o colaborador se sente confortável para expressar suas dificuldades.

Treinamentos e Workshops para Resolução de Conflitos

A capacitação da equipe é fundamental para criar uma cultura onde todos entendem e aplicam práticas de resolução de conflitos. Os treinamentos ajudam os colaboradores a desenvolver habilidades como comunicação assertiva, escuta ativa e negociação.

Exemplos de Treinamentos:

- **Workshop de Comunicação Eficaz:** Treinamento focado em técnicas de comunicação que ajudam os colaboradores a expressar suas opiniões de forma clara e respeitosa.
- **Simulações de Resolução de Conflitos:** Treinamento prático onde os colaboradores participam de simulações de conflitos comuns no ambiente de trabalho, desenvolvendo habilidades de resolução e mediação.

4. Liderança como Modelo de Resolução de Conflitos

Os líderes desempenham um papel central na criação e sustentação de uma cultura de resolução de conflitos. A postura e o comportamento dos líderes servem como exemplo para a equipe, mostrando que os conflitos podem ser abordados de forma positiva e construtiva.

Ação e Modelagem da Liderança

- **Liderança pelo Exemplo:** Líderes que praticam a resolução construtiva de conflitos demonstram à equipe que o diálogo e a colaboração são prioridades. Quando um líder se envolve pessoalmente na resolução de problemas e demonstra respeito por todas as partes, ele estabelece um padrão para o comportamento de toda a equipe.

- **Feedback e Reconhecimento:** Reconhecer os colaboradores que adotam uma abordagem construtiva na resolução de conflitos ajuda a reforçar a cultura desejada. Líderes que fornecem feedback positivo para os membros que contribuem para a harmonia da equipe criam um ambiente onde os comportamentos positivos são incentivados e valorizados.

5. Ferramentas para Promover a Cultura de Resolução de Conflitos

Ferramentas de Feedback e Avaliação de Clima

- **Pesquisas de Clima Organizacional:** Essas pesquisas ajudam a avaliar a satisfação e o bem-estar dos colaboradores, identificando áreas onde a comunicação e a resolução de conflitos podem ser aprimoradas.

- **Plataformas de Feedback Contínuo:** Ferramentas que permitem aos colaboradores compartilhar feedback regularmente, ajudando a detectar tensões e problemas antes que eles se transformem em conflitos maiores.

Canais de Comunicação Interna

- **Canais de Diálogo Aberto:** Espaços de discussão, como canais de comunicação interna, permitem que os colaboradores compartilhem suas opiniões e preocupações. Esses canais podem ser moderados para garantir que o diálogo seja respeitoso e focado em soluções.

- **Fóruns de Discussão:** Plataformas de fóruns internos permitem que os colaboradores discutam questões organizacionais e proponham soluções de forma colaborativa, promovendo uma cultura de comunicação e resolução ativa.

6. **Estudos de Caso: Cultura de Resolução de Conflitos na Prática**

   1. **Estudo de Caso 1: Fortalecimento da Cultura de Resolução de Conflitos em uma Empresa de Consultoria**

      - **Contexto:** Em uma empresa de consultoria, os conflitos entre os consultores e a liderança eram frequentes, principalmente sobre a alocação de recursos e prazos de entrega.

      - **Solução:** A liderança implementou workshops de comunicação e escuta ativa e criou um canal de feedback onde os consultores podiam expressar suas opiniões e sugestões de forma contínua.

      - **Resultado:** A transparência e o feedback regular melhoraram a comunicação entre a liderança e a equipe, reduzindo os conflitos e fortalecendo a colaboração.

   2. **Estudo de Caso 2: Criação de uma Cultura de Diálogo Aberto em uma Empresa de Tecnologia**

      - **Contexto:** Em uma empresa de tecnologia, as equipes apresentavam altos níveis de estresse devido a mudanças constantes nos projetos. A falta de diálogo entre os membros da equipe e a liderança gerava insatisfação e conflitos.

      - **Solução:** A empresa instituiu uma política de reuniões semanais de alinhamento e sessões de feedback onde os membros da equipe podiam expressar suas preocupações e discutir as mudanças de forma aberta.

      - **Resultado:** A criação de espaços para o diálogo aberto ajudou a reduzir os conflitos e a aumentar a coesão entre os membros da equipe. A empresa observou uma melhora no clima organizacional e na retenção de talentos.

CAPÍTULO 12

Inteligência Emocional na Gestão de Conflitos

A inteligência emocional (IE) é a capacidade de reconhecer, entender e gerenciar as próprias emoções e as emoções dos outros. Na gestão de conflitos, a IE é uma competência vital que permite aos líderes e colaboradores abordarem desentendimentos de forma empática e assertiva. Abaixo, exploramos como cada componente da IE contribui para uma resolução de conflitos mais eficaz e apresentamos práticas para desenvolver essas habilidades.

1. Os Componentes da Inteligência Emocional

A IE é composta por cinco componentes principais: autoconsciência, autorregulação, motivação, empatia e habilidades sociais. Cada um desses elementos desempenha um papel crucial na forma como um líder ou colaborador reage a situações de conflito e colabora para a construção de relacionamentos saudáveis e produtivos.

- **Autoconsciência**

  Definição e Importância: A autoconsciência envolve o entendimento das próprias emoções e de como elas afetam pensamentos e comportamentos. No contexto de conflitos, a autoconsciência permite ao líder reconhecer suas reações e evitar que emoções negativas influenciem suas decisões e interações.

Prática de Desenvolvimento: Manter um diário de emoções e refletir sobre os próprios gatilhos emocionais ajuda o líder a desenvolver a autoconsciência e a entender quais situações tendem a gerar reações intensas.

• **Autorregulação**

Definição e Importância: A autorregulação é a habilidade de gerenciar emoções e comportamentos impulsivos, mantendo a calma em situações de alta pressão. Em momentos de conflito, a autorregulação permite que o líder aja de maneira racional, evitando reações que possam intensificar o desentendimento.

Prática de Desenvolvimento: Práticas de mindfulness, como a respiração consciente, ajudam a acalmar o sistema nervoso e a evitar respostas impulsivas. Em um conflito, uma breve pausa para respirar pode ajudar o líder a ganhar clareza e a responder com equilíbrio.

• **Motivação**

Definição e Importância: A motivação, no contexto da IE, envolve o comprometimento e o entusiasmo para alcançar objetivos, mesmo em situações adversas. Um líder motivado possui resiliência e é capaz de manter o foco em soluções, mesmo quando surgem obstáculos.

Prática de Desenvolvimento: Estabeleça metas de longo prazo e identifique as razões pessoais que o motivam a buscar soluções. Essa prática ajuda o líder a manter a motivação e o foco na resolução de conflitos, mesmo em circunstâncias desafiadoras.

• **Empatia**

Definição e Importância: Empatia é a capacidade de compreender e se conectar com as emoções dos outros. Em conflitos, a empatia permite que o líder entenda o ponto de vista de cada envolvido e demonstre compreensão pelas preocupações alheias, reduzindo a tensão e promovendo a colaboração.

Prática de Desenvolvimento: Durante conversas difíceis, faça perguntas para compreender o ponto de vista do outro e valide suas emoções. Frases como "Eu entendo que isso é importante para você" ajudam a demonstrar empatia e a promover um ambiente de confiança.

- **Habilidades Sociais**

Definição e Importância: As habilidades sociais são a capacidade de se comunicar e interagir de maneira eficaz. Na resolução de conflitos, as habilidades sociais incluem a capacidade de negociação, a comunicação assertiva e a construção de relacionamentos positivos.

Prática de Desenvolvimento: Participe de treinamentos de comunicação assertiva e técnicas de mediação para fortalecer suas habilidades sociais. Essas competências são fundamentais para abordar conflitos de forma equilibrada e construtiva.

2. Aplicando a Inteligência Emocional na Gestão de Conflitos

Desenvolver e aplicar a IE permite que o líder e a equipe abordem conflitos com uma mentalidade de resolução. Abaixo estão algumas estratégias específicas para aplicar a IE em situações de conflito.

Estratégias Baseadas em Autoconsciência e Autorregulação

- **Identifique os Gatilhos Emocionais:** Antes de responder a um conflito, faça uma autoavaliação para entender quais emoções estão surgindo e quais são os possíveis gatilhos. Essa prática ajuda a evitar reações impulsivas e a agir com calma.

- **Use Técnicas de Respiração para Reduzir o Estresse:** Quando confrontado com uma situação de conflito, pratique a respiração profunda para acalmar o sistema nervoso e permitir que a mente clareie antes de responder.

Estratégias Baseadas em Empatia e Habilidades Sociais

- **Escuta Ativa e Validação Emocional:** Ouça atentamente a outra pessoa e demonstre que compreende suas emoções. A escuta ativa ajuda a reduzir as defesas e a criar um espaço seguro para o diálogo.

- **Negociação com Foco no Ganha-Ganha:** Ao resolver conflitos, adote uma postura colaborativa, focando em soluções que beneficiem todas as partes envolvidas. Use técnicas de negociação para promover uma resolução justa e construtiva.

3. **Desenvolvendo a Inteligência Emocional na Equipe**

Para criar um ambiente onde a IE é valorizada, é fundamental que a equipe como um todo tenha oportunidades de desenvolver suas próprias habilidades emocionais. Abaixo estão práticas e programas que ajudam a fortalecer a IE em toda a organização.

Treinamentos e Workshops de Inteligência Emocional

- **Workshops de Comunicação Emocional:** Ofereça treinamentos focados em habilidades de comunicação emocional e técnicas de resolução de conflitos. Esses workshops ajudam a equipe a compreender melhor as emoções e a se comunicar de forma mais assertiva.

- **Sessões de Desenvolvimento Emocional em Equipe:** Realize sessões de desenvolvimento onde a equipe pratica a escuta ativa e a empatia em dinâmicas de grupo. Essas sessões fortalecem o relacionamento entre os membros e ajudam a desenvolver a IE coletiva.

Incentivo ao Feedback Contínuo

- **Implementação de Feedback 360°:** O feedback 360° permite que todos na equipe ofereçam e recebam feedback sobre suas habilidades emocionais e comportamentais. Isso cria um ambiente de crescimento e desenvolvimento contínuos, promovendo uma cultura de autoconhecimento e aprimoramento.

4. **Estudos de Caso: Inteligência Emocional na Prática de Gestão de Conflitos**

   1. **Estudo de Caso 1: Autorregulação em um Conflito de Prazos em uma Equipe de Marketing**

      - **Contexto:** Em uma equipe de marketing, um desentendimento sobre os prazos de um projeto gera tensão entre os membros. A pressão pelos prazos aumenta, e um dos líderes sente-se pessoalmente responsável.

      - **Ação:** O líder pratica a autorregulação ao respirar profundamente e manter uma postura calma. Em vez de reagir impulsivamente, ele organiza uma reunião para discutir o problema com a equipe e entender a perspectiva de cada um.

      - **Resultado:** A abordagem calma do líder ajudou a reduzir a tensão, e a equipe encontrou uma solução para o prazo, sem que o conflito se intensificasse. A autorregulação permitiu que o líder abordasse o problema com clareza e foco.

2. **Estudo de Caso 2: Uso de Empatia e Habilidades Sociais em um Conflito de Comunicação**

- **Contexto:** Em uma empresa de tecnologia, um conflito entre o departamento de desenvolvimento e o departamento de vendas surge devido a expectativas divergentes sobre a entrega de um produto.

- **Ação:** O líder do projeto utiliza a empatia para compreender as preocupações de ambos os lados. Ele reúne as duas equipes e facilita uma conversa onde cada um pode expressar suas necessidades e preocupações. Com base nas informações compartilhadas, o líder propõe um cronograma ajustado que acomode as expectativas de ambos.

- **Resultado:** A empatia e as habilidades sociais do líder permitiram que as duas equipes colaborassem de forma harmoniosa, chegando a uma solução satisfatória para ambas as partes.

CAPÍTULO 13

Avaliação e Aprendizado Contínuo na Gestão de Conflitos

A gestão de conflitos é um processo dinâmico, onde cada experiência oferece oportunidades de aprendizado e aprimoramento. Avaliar continuamente as abordagens e resultados é essencial para desenvolver uma equipe resiliente e preparada para lidar com desafios. Neste capítulo, exploraremos práticas de avaliação e aprendizado contínuo que ajudam líderes e equipes a identificar áreas de melhoria, ajustar estratégias e promover um ambiente de trabalho onde o crescimento é constante.

1. A Importância da Avaliação na Gestão de Conflitos

Avaliar as estratégias e os resultados da resolução de conflitos permite que líderes e equipes compreendam o que funcionou bem e o que pode ser ajustado. Sem uma análise reflexiva, há o risco de repetir padrões ineficazes ou negligenciar oportunidades de melhoria.

Benefícios da Avaliação Contínua

- **Identificação de Padrões e Tendências:** A avaliação permite que líderes e equipes identifiquem padrões recorrentes de conflito, ajudando a entender as causas subjacentes e a prevenir futuros desentendimentos.

- **Aprimoramento de Práticas de Resolução:** Ao revisar o que deu certo e o que precisa ser ajustado, os líderes podem refinar suas

65

abordagens, adotando práticas mais eficazes e eliminando estratégias que não trazem resultados positivos.

• **Fortalecimento da Cultura de Melhoria Contínua:** A avaliação constante cria uma cultura onde todos se sentem encorajados a crescer e se desenvolver, promovendo um ambiente de aprendizado e inovação.

2. Ferramentas de Avaliação e Feedback para a Gestão de Conflitos

O uso de ferramentas de avaliação ajuda a garantir que as práticas de gestão de conflitos sejam constantemente revisadas e aprimoradas. Abaixo estão algumas ferramentas que facilitam a análise e o aprendizado contínuo.

• **Feedback 360°**

Descrição: O feedback 360° permite que os envolvidos no conflito ofereçam feedback sobre o processo de resolução e sobre a atuação do líder. Essa abordagem proporciona uma visão abrangente de como o conflito foi gerenciado e quais áreas podem ser melhoradas.

Aplicação Prática: Após um conflito, o líder pode solicitar feedback de todos os envolvidos, perguntando sobre a eficácia do processo e sugestões de melhoria. O feedback 360° ajuda o líder a entender como suas ações foram percebidas e a ajustar seu comportamento.

• **Revisões de Pós-Conflito**

Descrição: As revisões de pós-conflito são análises estruturadas realizadas após a resolução de um conflito, onde a equipe discute o que funcionou bem e o que poderia ter sido feito de forma diferente.

Aplicação Prática: Organize uma sessão de revisão onde todos os envolvidos no conflito possam compartilhar suas percepções e aprender com a experiência. Esse processo permite que a equipe discuta lições aprendidas e crie um plano de ação para melhorar a resposta a futuros conflitos.

3. Estrutura de Aprendizado Contínuo para Equipes

Incorporar o aprendizado contínuo na gestão de conflitos requer que líderes e equipes adotem práticas regulares de reflexão e análise. Abaixo estão algumas estruturas que facilitam o aprendizado e incentivam a melhoria constante.

- **Reuniões de Revisão Regular**

Definição e Objetivo: As reuniões de revisão são sessões periódicas onde a equipe analisa eventos recentes, incluindo conflitos, e identifica áreas de melhoria. Elas permitem que a equipe desenvolva uma mentalidade de crescimento e ajuste suas práticas conforme necessárias.

Aplicação Prática: Estabeleça reuniões mensais ou trimestrais de revisão, onde a equipe possa discutir conflitos passados, avaliar a eficácia das estratégias usadas e definir metas para melhorar as práticas de resolução.

- **Criação de um Banco de Conhecimento**

Descrição: Um banco de conhecimento é um repositório onde a equipe armazena lições aprendidas, boas práticas e estratégias eficazes para a gestão de conflitos. Esse recurso facilita o acesso ao aprendizado passado e ajuda a equipe a consultar soluções já testadas.

Aplicação Prática: Documente cada situação de conflito, incluindo a causa, as estratégias usadas e o resultado. Armazene essas informações em um banco de conhecimento, acessível a todos os membros da equipe. Com o tempo, esse recurso se torna uma ferramenta valiosa para novas situações de conflito.

4. Métodos de Autoavaliação para Líderes

Os líderes têm um papel essencial na gestão de conflitos, e seu próprio desenvolvimento contínuo é crucial. Abaixo estão métodos de autoavaliação que ajudam os líderes a aprimorar suas habilidades de gestão de conflitos e a desenvolver uma mentalidade de aprendizado contínuo.

- **Reflexão Pessoal e Diário de Liderança**

Definição e Objetivo: O diário de liderança é uma prática onde o líder registra suas experiências e reflexões sobre situações de conflito. Essa prática permite que o líder identifique seus próprios pontos fortes e áreas de melhoria.

Aplicação Prática: Reserve alguns minutos ao final de cada dia para refletir sobre como lidou com desafios e conflitos. Registre suas percepções e avalie o que poderia ter sido feito de forma diferente.

Essa prática de reflexão pessoal ajuda o líder a se tornar mais autoconsciente e a aprimorar suas habilidades ao longo do tempo.

- **Autoavaliação de Competências**

  Descrição: A autoavaliação de competências é uma prática onde o líder revisa suas habilidades em relação à gestão de conflitos, avaliando aspectos como comunicação, empatia, autocontrole e capacidade de mediação.

  Aplicação Prática: Crie uma lista de competências essenciais para a gestão de conflitos e avalie seu desempenho em cada uma delas regularmente. Identifique áreas onde deseja melhorar e estabeleça metas para fortalecer essas competências ao longo do tempo.

5. **Estudos de Caso: Aprendizado Contínuo na Gestão de Conflitos**

   1. **Estudo de Caso 1: Revisão Pós-Conflito em uma Empresa de Consultoria**

      - **Contexto:** Em uma empresa de consultoria, um conflito surgiu entre os departamentos de vendas e operações devido a uma divergência sobre a alocação de recursos. Após a resolução, a liderança organizou uma sessão de revisão para discutir o processo de resolução.

      - **Ação:** Durante a revisão, cada departamento teve a oportunidade de compartilhar suas percepções sobre o conflito e o que poderia ter sido feito de forma diferente. Com base no feedback, a liderança implementou uma série de mudanças para melhorar a alocação de recursos e evitar conflitos futuros.

      - **Resultado:** A revisão pós-conflito permitiu que a empresa identificasse áreas de melhoria, prevenindo conflitos semelhantes no futuro e fortalecendo a colaboração entre os departamentos.

   2. **Estudo de Caso 2: Banco de Conhecimento em uma Organização de TI**

      - **Contexto:** Em uma organização de TI com equipes remotas, os conflitos entre colaboradores eram comuns devido à falta de comunicação clara sobre prazos e expectativas.

- **Ação:** A empresa criou um banco de conhecimento onde documentava cada conflito, incluindo a causa, as estratégias de resolução e os resultados. O banco de conhecimento ajudou a equipe a consultar soluções para problemas recorrentes e a desenvolver práticas de comunicação mais claras.

- **Resultado:** O banco de conhecimento se tornou uma ferramenta valiosa para a equipe, que passou a resolver conflitos com mais eficiência e a melhorar a comunicação e a organização dos projetos.

CAPÍTULO 14

Prevenção de Conflitos e Criação de um Ambiente de Trabalho Saudável

Embora a resolução de conflitos seja uma habilidade essencial, a prevenção é uma estratégia ainda mais poderosa para manter um ambiente de trabalho saudável e equilibrado. A prevenção de conflitos envolve a criação de condições que reduzem a possibilidade de desentendimentos e promovem a colaboração, a comunicação aberta e o respeito. Neste capítulo, exploramos as práticas e estratégias que contribuem para um ambiente de trabalho onde os conflitos são menos prováveis de ocorrer.

1. Os Benefícios de uma Abordagem Preventiva

A prevenção de conflitos não só minimiza o estresse e as tensões no ambiente de trabalho, mas também contribui para uma equipe mais coesa e produtiva. Abaixo estão alguns dos benefícios de uma abordagem preventiva:

- **Redução de Tensões:** Um ambiente onde o respeito e a comunicação são priorizados reduz as tensões e promove o bem-estar.

- **Aumento da Produtividade:** Em uma equipe onde as relações são harmoniosas, os colaboradores podem focar em suas atividades sem distrações relacionadas a conflitos.

- **Fortalecimento da Cultura Organizacional:** Uma abordagem preventiva fortalece a cultura organizacional, promovendo valores como respeito, colaboração e empatia.

2. Estratégias para a Prevenção de Conflitos

Existem várias estratégias práticas que ajudam a prevenir conflitos e a criar um ambiente de trabalho saudável. Abaixo estão algumas abordagens que líderes e equipes podem adotar para reduzir as chances de desentendimentos.

- **Comunicação Clara e Transparente**

Definição e Importância: A comunicação clara e transparente é uma das melhores formas de evitar mal-entendidos. Quando as informações são compartilhadas de forma aberta e objetiva, há menos espaço para interpretações equivocadas e insatisfações.

Prática de Implementação: Realize reuniões regulares de alinhamento e promova atualizações periódicas sobre projetos e objetivos. Essas práticas garantem que todos os membros da equipe estejam na mesma página e que as expectativas estejam claras.

- **Definição de Papéis e Responsabilidades**

Definição e Impacto: Conflitos frequentemente surgem quando as responsabilidades de cada membro da equipe não estão claramente definidas. A definição clara de papéis ajuda a evitar sobreposição de tarefas e disputas de responsabilidades.

Prática de Implementação: Estabeleça uma matriz de responsabilidades onde cada membro da equipe possa visualizar suas atribuições e o que se espera de cada papel. Revise essa matriz regularmente para garantir que ela reflita as mudanças na equipe ou no projeto.

- **Incentivo ao Feedback Contínuo**

Definição e Importância: O feedback contínuo permite que os membros da equipe expressem suas opiniões e preocupações antes que se transformem em conflitos. A prática de feedback também fortalece a comunicação e cria um ambiente de respeito e aprendizado.

Prática de Implementação: Promova sessões de feedback onde os colaboradores possam compartilhar suas experiências e desafios. Essas sessões podem ser individuais ou em grupo e ajudam a resolver problemas antes que se tornem maiores.

3. Construindo uma Cultura de Respeito e Inclusão

Uma cultura de respeito e inclusão é fundamental para prevenir conflitos. Quando todos os membros da equipe se sentem valorizados e respeitados, há menos espaço para ressentimentos e mal-entendidos. Abaixo estão algumas práticas para promover o respeito e a inclusão no ambiente de trabalho.

- **Treinamentos de Sensibilização e Diversidade**

Definição e Objetivo: Treinamentos de sensibilização e diversidade ajudam os membros da equipe a compreender e respeitar as diferenças entre si. Essa prática reduz preconceitos e estereótipos, promovendo um ambiente onde todos se sentem incluídos.

Prática de Implementação: Ofereça treinamentos periódicos sobre diversidade e inclusão, abordando temas como vieses inconscientes e respeito às diferenças culturais. Esses treinamentos ajudam a criar um ambiente de trabalho mais acolhedor e empático.

- **Práticas de Reconhecimento e Valorização**

Definição e Importância: O reconhecimento das contribuições e habilidades de cada membro da equipe promove um ambiente de respeito e valorização. Quando os colaboradores se sentem apreciados, eles têm menos propensão a conflitos e mais disposição para colaborar.

Prática de Implementação: Implemente um sistema de reconhecimento onde as conquistas e o desempenho dos colaboradores sejam valorizados. O reconhecimento pode ser feito em reuniões de equipe, por meio de elogios públicos ou até mesmo com recompensas.

4. Promovendo o Bem-Estar no Ambiente de Trabalho

O bem-estar físico e mental dos colaboradores tem um impacto direto na ocorrência de conflitos. Um ambiente onde o bem-estar é promovido tende a ser mais harmonioso, pois os colaboradores se sentem apoiados e têm mais recursos para lidar com o estresse.

- **Programas de Bem-Estar e Saúde Mental**

Definição e Objetivo: Programas de bem-estar e saúde mental ajudam os colaboradores a manter o equilíbrio e a resiliência. Esses programas são especialmente importantes em ambientes de alta demanda, onde o estresse pode ser um fator contribuinte para conflitos.

Prática de Implementação: Estabeleça parcerias com profissionais de saúde mental, oferecendo suporte psicológico e atividades de bem-estar, como aulas de mindfulness, sessões de alongamento e atividades de relaxamento.

- **Flexibilidade e Equilíbrio entre Trabalho e Vida Pessoal**

Definição e Importância: A flexibilidade no trabalho permite que os colaboradores conciliem suas responsabilidades pessoais e profissionais, reduzindo o estresse e promovendo a satisfação. O equilíbrio entre trabalho e vida pessoal é essencial para um ambiente saudável e produtivo.

Prática de Implementação: Ofereça horários flexíveis e opções de trabalho remoto, permitindo que os colaboradores ajustem sua rotina de acordo com suas necessidades pessoais. A flexibilidade aumenta o engajamento e reduz as chances de conflitos relacionados à sobrecarga.

5. **Estudos de Caso: Prevenção de Conflitos no Ambiente de Trabalho**

   1. **Estudo de Caso 1: Implementação de Programas de Bem-Estar em uma Empresa de Tecnologia**

      - **Contexto:** Em uma empresa de tecnologia, o alto nível de estresse entre os colaboradores estava resultando em conflitos frequentes. A liderança identificou que a sobrecarga e a falta de suporte estavam impactando o clima organizacional.

      - **Ação:** A empresa implementou um programa de bem-estar, oferecendo sessões de meditação, atividades físicas e suporte psicológico. O programa foi acompanhado de uma política de horários flexíveis para que os colaboradores pudessem administrar melhor suas rotinas.

      - **Resultado:** A implementação do programa de bem-estar reduziu o estresse e melhorou o clima organizacional. Os conflitos diminuíram, e a equipe passou a trabalhar de forma mais colaborativa e motivada.

   2. **Estudo de Caso 2: Valorização da Diversidade em uma Equipe de Marketing**

      - **Contexto:** Em uma equipe de marketing multicultural, surgiram conflitos devido a diferenças culturais e estilos de comunicação. Os colaboradores se sentiam incompreendidos e desvalorizados.

- **Ação:** A liderança organizou um workshop de sensibilização para a diversidade, abordando temas como respeito às diferenças culturais e comunicação inclusiva. A equipe também adotou práticas de reconhecimento, onde as conquistas de cada colaborador eram celebradas.

- **Resultado:** O workshop ajudou a reduzir os preconceitos e a aumentar a empatia entre os membros da equipe. A valorização da diversidade se tornou um valor central, e a equipe passou a trabalhar com mais harmonia e cooperação.

CAPÍTULO 15

O Papel da Liderança na Gestão de Conflitos Organizacionais

A liderança é um elemento central na forma como os conflitos são gerenciados dentro de uma organização. Um líder que adota uma postura proativa e construtiva pode transformar o ambiente de trabalho, promovendo uma cultura de resolução positiva. Neste capítulo, discutiremos as competências essenciais para que os líderes possam gerenciar conflitos de maneira eficaz e como sua postura e estilo de liderança influenciam diretamente a maneira como os conflitos são abordados e resolvidos pela equipe.

1. A Influência da Liderança na Cultura de Resolução de Conflitos

A forma como o líder aborda os conflitos influencia a cultura organizacional. Quando a liderança promove um ambiente onde o diálogo e a colaboração são incentivados, cria-se uma cultura onde o conflito é visto como uma oportunidade de aprendizado e desenvolvimento.

Características de uma Cultura de Resolução de Conflitos Inspirada pela Liderança:

- **Transparência e Comunicação Aberta:** Líderes que promovem a transparência criam um ambiente onde todos se sentem seguros para expressar suas preocupações.

- **Respeito e Valorização das Diferenças:** O respeito pela diversidade de opiniões e experiências promove um ambiente inclusivo, onde os conflitos são tratados de maneira construtiva.

- **Incentivo ao Crescimento e ao Aprendizado Contínuo:** Quando o líder encara o conflito como uma oportunidade de crescimento, a equipe adota a mesma perspectiva e se sente encorajada a buscar soluções criativas e colaborativas.

2. Competências Essenciais para a Liderança na Gestão de Conflitos

Para liderar com eficácia em situações de conflito, é essencial que o líder desenvolva uma série de competências emocionais e técnicas. Abaixo estão as principais habilidades que ajudam um líder a lidar com conflitos organizacionais.

- **Inteligência Emocional**

    Definição e Importância: A inteligência emocional permite ao líder reconhecer e gerenciar suas próprias emoções e entender as emoções dos outros. Essa habilidade é crucial em momentos de tensão, pois ajuda o líder a manter a calma e a tomar decisões ponderadas.

    Prática de Desenvolvimento: Incentive o líder a praticar o mindfulness e a autoavaliação, de modo a desenvolver maior controle emocional. Essas práticas ajudam a lidar com as próprias emoções e a manter o equilíbrio em situações de conflito.

- **Comunicação Assertiva**

    Definição e Importância: A comunicação assertiva envolve expressar opiniões e necessidades de maneira clara e respeitosa. Em situações de conflito, essa habilidade permite que o líder estabeleça limites, expresse expectativas e resolva desentendimentos sem agressividade.

    Prática de Desenvolvimento: Treinamentos de comunicação assertiva e feedback ajudam o líder a desenvolver uma postura equilibrada, onde a clareza e o respeito são priorizados em todas as interações.

- **Empatia e Escuta Ativa**

    Definição e Importância: A empatia permite que o líder entenda o ponto de vista dos outros, enquanto a escuta ativa envolve ouvir com atenção e sem julgamento. Essas habilidades são essenciais para que o líder crie um ambiente onde os colaboradores se sintam ouvidos e valorizados.

Prática de Desenvolvimento: Sessões de escuta ativa e exercícios de empatia ajudam o líder a aprimorar essas habilidades e a aplicar essas práticas no cotidiano da equipe.

3. Estilos de Liderança e Seus Efeitos na Gestão de Conflitos

O estilo de liderança adotado impacta diretamente a forma como os conflitos são gerenciados. Abaixo estão alguns dos estilos de liderança mais comuns e seus efeitos na gestão de conflitos.

- **Liderança Autocrática**

  Descrição: O líder autocrático tende a tomar decisões sem consultar a equipe, estabelecendo um ambiente onde a colaboração é limitada. Em momentos de conflito, essa abordagem pode ser contraproducente, pois gera ressentimento e falta de engajamento.

  Efeito nos Conflitos: Esse estilo pode aumentar os conflitos, pois os membros da equipe podem se sentir desvalorizados e ignorados. A falta de diálogo e abertura impede que os conflitos sejam resolvidos de forma colaborativa.

- **Liderança Democrática**

  Descrição: O líder democrático incentiva a participação de todos e busca ouvir as opiniões da equipe antes de tomar decisões. Esse estilo de liderança promove um ambiente de respeito e colaboração, onde os conflitos são vistos como oportunidades para o diálogo.

  Efeito nos Conflitos: A liderança democrática reduz a intensidade dos conflitos, pois os membros da equipe sentem que têm voz e são parte do processo de decisão. Esse estilo incentiva a resolução colaborativa e a troca de perspectivas.

- **Liderança Transformacional**

  Descrição: O líder transformacional inspira a equipe por meio de uma visão compartilhada e incentiva o desenvolvimento pessoal e profissional. Em situações de conflito, esse líder utiliza o conflito como uma oportunidade para promover o crescimento e o aprendizado.

Efeito nos Conflitos: A liderança transformacional tende a transformar os conflitos em oportunidades de desenvolvimento. A equipe se sente motivada a resolver problemas de forma positiva, contribuindo para um ambiente de trabalho mais coeso.

4. Estratégias de Liderança para Gerenciar Conflitos Organizacionais

Líderes eficazes utilizam estratégias específicas para abordar e resolver conflitos. Abaixo estão algumas das práticas mais eficazes que os líderes podem adotar.

- **Facilitação de Diálogo e Mediação**

   Descrição: A facilitação de diálogo envolve promover conversas abertas entre os envolvidos no conflito, enquanto a mediação é o processo de conduzir as partes em direção a um acordo.

   Aplicação Prática: Quando ocorre um conflito, o líder pode facilitar uma conversa onde as partes possam expressar suas perspectivas e buscar soluções em conjunto. Se o conflito for mais complexo, o líder pode atuar como mediador, guiando a discussão e incentivando a colaboração.

- **Promoção de um Ambiente de Feedback Contínuo**

   Descrição: A promoção de um ambiente de feedback contínuo permite que os colaboradores expressem suas opiniões e preocupações regularmente, prevenindo o acúmulo de tensões.

   Aplicação Prática: Crie espaços regulares para o feedback, como reuniões de acompanhamento e sessões de revisão. Esse ambiente de abertura ajuda a identificar e resolver problemas antes que se transformem em conflitos.

5. Estudos de Caso: O Papel da Liderança na Gestão de Conflitos

1. **Estudo de Caso 1: Liderança Transformacional em um Conflito de Metas**

   - **Contexto:** Em uma empresa de consultoria, um conflito surgiu quando o departamento de vendas e o departamento de operações discordaram sobre as metas para o próximo trimestre.

- **Ação:** O líder transformacional incentivou uma reunião colaborativa onde cada departamento pôde expressar suas preocupações e ideias. Ele propôs uma revisão das metas, equilibrando as necessidades de ambas as áreas e incentivando o crescimento.

- **Resultado:** A reunião ajudou a resolver o conflito e a estabelecer metas realistas e alinhadas. O líder conseguiu fortalecer a coesão entre os departamentos e promover uma solução colaborativa.

2. **Estudo de Caso 2: Liderança Democrática em uma Equipe de Desenvolvimento**

- **Contexto:** Em uma equipe de desenvolvimento de software, surgiram tensões sobre a abordagem para um novo projeto. Os desenvolvedores tinham opiniões divergentes, o que criou um clima de conflito.

- **Ação:** O líder democrático organizou uma sessão de brainstorming onde todos puderam compartilhar suas ideias. Ele conduziu a equipe a um consenso, incentivando cada membro a participar da decisão final.

- **Resultado:** O ambiente de respeito e participação criado pelo líder democrático ajudou a resolver o conflito. A equipe conseguiu encontrar uma abordagem unificada e desenvolveu uma visão compartilhada do projeto.

CAPÍTULO 16

Conflitos entre Gerações no Local de Trabalho

À medida que as organizações se tornam mais diversas em termos de idade, os conflitos entre gerações tornam-se uma realidade cada vez mais comum. Com quatro gerações distintas atuando lado a lado — Baby Boomers, Geração X, Millennials e Geração Z —, surgem diferenças em valores, estilos de comunicação e expectativas de trabalho. Neste capítulo, exploraremos as características de cada geração, os tipos de conflitos que podem surgir e estratégias para promover a harmonia e a colaboração entre os colaboradores de diferentes idades.

1. A Diversidade Geracional e Seus Desafios

Cada geração tem características únicas, moldadas por eventos históricos e transformações culturais. Essas diferenças podem levar a desentendimentos sobre práticas de trabalho, estilos de comunicação e expectativas organizacionais.

Características Gerais das Gerações:

*   **Baby Boomers (nascidos entre 1946 e 1964):** Valorizam a estabilidade, a lealdade e têm um estilo de trabalho focado e metódico. Costumam preferir a comunicação direta e formal.

*   **Geração X (nascidos entre 1965 e 1980):** São mais independentes e adaptáveis, com foco em um equilíbrio entre trabalho e vida pessoal. Preferem comunicação direta, mas são flexíveis em relação às formas de interação.

- **Millennials ou Geração Y (nascidos entre 1981 e 1996):** Enfatizam a colaboração, o propósito no trabalho e valorizam a flexibilidade. Preferem feedback contínuo e valorizam a comunicação digital.

- **Geração Z (nascidos após 1997):** Altamente tecnológicos, buscam autonomia e inovação. Valorizam a diversidade e a inclusão, e preferem uma comunicação rápida e digital.

Desafios Típicos de Conflitos entre Gerações:

- **Divergências em Estilos de Trabalho:** Baby Boomers e Geração X podem preferir métodos tradicionais de trabalho, enquanto Millennials e Geração Z valorizam flexibilidade e inovação.

- **Diferenças na Comunicação:** Gerações mais novas geralmente preferem a comunicação digital e rápida, enquanto gerações mais antigas podem valorizar interações presenciais e formais.

- **Expectativas sobre Carreira e Benefícios:** Gerações mais novas tendem a buscar um equilíbrio entre vida pessoal e trabalho, enquanto gerações anteriores muitas vezes priorizam a estabilidade de longo prazo e o crescimento na carreira.

2. Tipos Comuns de Conflitos entre Gerações

A diversidade de idades pode resultar em conflitos relacionados ao estilo de trabalho, expectativas de progresso e maneiras de colaborar. Abaixo estão os tipos comuns de conflitos geracionais:

- **Conflitos de Estilo de Trabalho e Produtividade:** Baby Boomers e Geração X geralmente têm uma abordagem mais linear e focada em processos, enquanto Millennials e Geração Z são mais orientados para resultados rápidos e inovação. Isso pode gerar desentendimentos sobre métodos e cronogramas de trabalho.

- **Conflitos na Preferência de Comunicação:** Preferências de comunicação variam significativamente entre gerações. As gerações mais novas preferem a comunicação digital e rápida, como mensagens instantâneas, enquanto gerações mais velhas podem valorizar interações presenciais ou e-mails detalhados.

- **Diferenças de Expectativas sobre Carreira e Recompensas:** Millennials e Geração Z valorizam experiências significativas e projetos inovadores, enquanto Baby Boomers e Geração X podem priorizar a estabilidade e os benefícios de longo prazo. Isso pode resultar em conflitos quanto a benefícios, horários de trabalho e planos de carreira.

3. Estratégias para Resolver Conflitos entre Gerações

Para promover a colaboração e o respeito entre diferentes gerações, é fundamental que os líderes e a equipe adotem práticas que incentivem a compreensão e a empatia. Abaixo estão estratégias eficazes para minimizar e resolver conflitos geracionais.

Promover o Diálogo e a Compreensão das Diferenças

- **Organizar Sessões de Feedback Mútuo:** Sessões onde cada geração compartilha suas perspectivas e preferências ajudam a criar um entendimento mútuo. Esse diálogo permite que cada grupo expresse suas expectativas e se sinta ouvido, reduzindo os mal-entendidos.

- **Workshop de Conscientização Geracional:** Workshops sobre as características e expectativas de cada geração ajudam a desmistificar estereótipos e promover o respeito. Esses workshops incentivam a equipe a valorizar as diferenças como uma fonte de aprendizado e inovação.

Adotar uma Abordagem Flexível e Inclusiva

- **Oferecer Opções de Trabalho Flexíveis:** Permitir que cada geração escolha seu estilo de trabalho e horários, dentro dos limites da função, ajuda a reduzir conflitos. A flexibilidade promove um ambiente onde todos se sentem valorizados e respeitados.

- **Incentivar a Comunicação Múltipla:** Para atender a todas as preferências, é importante usar uma combinação de métodos de comunicação, como reuniões presenciais, mensagens instantâneas e e-mails detalhados. Essa abordagem inclusiva atende às necessidades de todas as gerações.

Mentoria e Compartilhamento de Conhecimento

- **Implementar Programas de Mentoria Cruzada:** A mentoria cruzada é uma prática onde colaboradores de diferentes gerações compartilham conhecimentos e experiências. Baby Boomers e

Geração X podem ensinar habilidades de experiência de vida e carreira, enquanto Millennials e Geração Z podem compartilhar suas competências digitais e insights sobre inovação.

- **Criar Grupos de Trabalho Intergeracionais:** Ao formar equipes com membros de diferentes gerações, a organização promove uma troca constante de conhecimentos e ideias. Isso cria um ambiente onde as habilidades de cada geração são valorizadas, e os conflitos são substituídos pela cooperação.

4. Como a Liderança Pode Facilitar a Convivência entre Gerações

Os líderes desempenham um papel crucial na criação de um ambiente onde as diferenças geracionais são valorizadas e os conflitos são gerenciados de forma construtiva. Abaixo estão práticas que os líderes podem adotar para promover a integração entre as gerações.

Modelagem de Comportamento Respeitoso e Inclusivo

- **Promover uma Cultura de Respeito Mútuo:** Os líderes devem ser exemplos de respeito e valorização das diferenças. Demonstrar respeito pelas preferências e opiniões de todas as gerações cria um ambiente onde os colaboradores se sentem à vontade para colaborar.

- **Valorização das Contribuições Individuais:** Reconheça as habilidades e contribuições de cada geração, demonstrando que todas as perspectivas são valorizadas. Esse reconhecimento ajuda a fortalecer o sentimento de inclusão e a reduzir a percepção de competição entre gerações.

Incentivar uma Cultura de Feedback e Melhoria Contínua

- **Estabelecer Canais para Feedback Contínuo:** Canais de feedback permitem que os colaboradores expressem suas preocupações e opiniões sobre a convivência entre gerações. Ao ouvir as preocupações, os líderes conseguem ajustar as práticas e promover uma cultura de melhoria contínua.

- **Oferecer Treinamento em Resolução de Conflitos Geracionais:** Treinamentos específicos para líderes e equipe sobre como lidar com conflitos geracionais ajudam a criar um ambiente preparado para as diferenças. Esse treinamento ajuda os líderes a compreender as características de cada geração e a mediar conflitos de forma justa e equilibrada.

•

5. Estudos de Caso: Resolução de Conflitos entre Gerações

1. Estudo de Caso 1: Mentoria Cruzada em uma Empresa de Consultoria

- **Contexto:** Em uma empresa de consultoria, conflitos surgiram entre consultores seniores e juniores sobre a abordagem dos projetos e a comunicação. Os seniores preferiam métodos tradicionais, enquanto os juniores queriam utilizar tecnologias mais recentes.

- **Ação:** A liderança implementou um programa de mentoria cruzada, onde os consultores seniores compartilharam suas experiências e os juniores apresentaram novas ferramentas e metodologias.

- **Resultado:** A mentoria cruzada ajudou a reduzir as tensões e a criar uma troca de conhecimentos que beneficiou toda a equipe. Os consultores aprenderam uns com os outros e se tornaram mais receptivos às diferenças de abordagem.

2. Estudo de Caso 2: Oficina de Conscientização Geracional em uma Empresa de TI

- **Contexto:** Em uma equipe de tecnologia, surgiram conflitos entre colaboradores de diferentes gerações sobre a comunicação e a flexibilidade do trabalho. Os mais jovens queriam flexibilidade total, enquanto os mais experientes preferiam horários fixos.

- **Ação:** A empresa organizou uma oficina de conscientização geracional, onde cada geração pôde expressar suas preferências e expectativas de trabalho. Foram discutidas as preferências e buscou-se um modelo de flexibilidade adaptável.

- **Resultado:** A oficina ajudou a equipe a entender as preferências uns dos outros e a desenvolver uma abordagem híbrida. O ambiente se tornou mais cooperativo, e os confliojjtos sobre horários foram reduzidos.

CAPÍTULO ESPECIAL

Geração Z e Geração Alpha – Expectativas e Conflitos no Futuro do Trabalho

Com a chegada da Geração Alpha, nascida a partir de 2010, o cenário geracional está entrando em uma nova fase. Esta geração crescerá em um mundo ainda mais interconectado e digitalizado do que o das gerações anteriores, e estima-se que seu impacto no ambiente de trabalho será significativo. Neste capítulo, discutiremos o que esperar dessa nova geração no ambiente corporativo, as potenciais áreas de conflito e os desafios que surgirão na convivência entre diferentes gerações.

1. Características Distintivas da Geração Alpha

A Geração Alpha representa a primeira geração a crescer em um mundo completamente digital, onde a tecnologia é uma presença constante e essencial desde a infância. Suas experiências e formas de interação são moldadas por novas tecnologias, métodos de aprendizado imersivos e uma maior exposição a questões globais. Abaixo estão algumas das principais características projetadas para essa geração:

- **Alta Familiaridade com Inteligência Artificial e Automação:** A Geração Alpha está crescendo com ferramentas de IA e automação integradas em suas vidas, tornando natural para eles o uso dessas tecnologias no dia a dia. Essa habilidade influenciará suas expectativas e estilo de trabalho, onde buscarão soluções rápidas e personalizadas.

- **Preferência por Aprendizagem Imersiva e Visual:** Esta geração

85

teve acesso, desde cedo, a métodos de aprendizado interativos, baseados em realidade aumentada e virtual. Como resultado, eles preferem conteúdos visuais e experiências imersivas, o que impactará suas expectativas de treinamento e desenvolvimento no ambiente de trabalho.

- **Consciência Global e Responsabilidade Social:** Assim como a Geração Z, a Geração Alpha está sendo exposta a questões globais, como mudanças climáticas e justiça social, o que os torna altamente engajados em temas sociais e ambientais. Espera-se que tragam um forte senso de responsabilidade para com o impacto social e ambiental das organizações onde trabalharão.

- **Maior Expectativa por Flexibilidade e Mobilidade:** Crescendo em uma era de trabalho remoto e flexível, a Geração Alpha provavelmente terá uma expectativa ainda maior de autonomia e mobilidade. Essa geração pode preferir trabalhar em projetos curtos e dinâmicos, valorizando experiências variadas em vez de vínculos duradouros.

2. Expectativas e Possíveis Fontes de Conflito para a Geração Alpha

Com base nas características e experiências dessa geração, algumas expectativas e áreas de conflito podem ser projetadas para o ambiente de trabalho, especialmente na interação com gerações anteriores que possuem valores e hábitos de trabalho distintos.

- **Resiliência e Mentalidade de Curto Prazo:** A Geração Alpha pode ter uma mentalidade mais voltada para resultados rápidos, refletindo sua familiaridade com a rapidez de respostas e soluções tecnológicas. Por outro lado, gerações como os Baby Boomers e a Geração X, que valorizam consistência e compromisso de longo prazo, podem ver esse enfoque como falta de perseverança.

Possíveis Desafios:

- Diferenças na forma de encarar metas e prazos, com os Alphas preferindo um ciclo de trabalho mais ágil.

- Potencial de frustração em projetos que exigem paciência e resiliência prolongada, especialmente em estruturas organizacionais tradicionais.

Exigência de Transparência e Alinhamento com Valores: A Geração

Alpha, assim como a Geração Z, crescerá com um foco em questões de transparência e ética organizacional. Eles tendem a ser críticos e seletivos em relação a empresas e instituições, com uma visão clara sobre a responsabilidade social. Caso as organizações não reflitam esses valores, os conflitos podem surgir.

Possíveis Desafios:

- Pressão para que as empresas adotem e demonstrem práticas ambientais e sociais responsáveis.

- Conflitos com colaboradores de gerações anteriores que possam priorizar estabilidade e metas financeiras, sem a mesma urgência por transparência e alinhamento de valores.

Preferência por Trabalho Híbrido e Mobilidade: Os Alphas terão crescido em um cenário de trabalho híbrido ou remoto, o que pode gerar diferenças de expectativa em relação às práticas presenciais e ao conceito de "espaço de trabalho fixo". Espera-se que priorizem projetos de curto prazo, onde podem se engajar rapidamente e experimentar a diversidade de tarefas.

Possíveis Desafios:

- Desentendimentos com gerações que veem o trabalho presencial como essencial para o desenvolvimento e a construção de relacionamentos.

- Dificuldade em lidar com práticas rígidas de horário e espaço de trabalho, o que pode diminuir o engajamento e a retenção dessa geração.

3. **Preparando o Ambiente de Trabalho para a Convivência entre Gerações**

Para facilitar a integração da Geração Alpha ao ambiente corporativo, as organizações precisam adaptar práticas que valorizem tanto as habilidades tecnológicas quanto as habilidades interpessoais, promovendo um clima de colaboração e respeito mútuo.

- **Adotar uma Abordagem Focada em Projetos e Resultados:** A Geração Alpha tende a valorizar tarefas e projetos que ofereçam resultados rápidos e concretos. Para motivá-los e evitar conflitos, as empresas podem adotar uma abordagem voltada para o trabalho em projetos, onde eles possam ver o impacto de suas ações de forma rápida e direta.

Estratégias:

- Dividir grandes objetivos em tarefas menores e mensuráveis, proporcionando uma sensação de progresso contínuo.

- Oferecer feedbacks frequentes para manter o engajamento e a motivação dos colaboradores Alphas.

Investir em Treinamentos Multigeracionais: Com quatro ou cinco gerações no mesmo ambiente de trabalho, a necessidade de entender as diferenças e promover a integração torna-se mais importante. Treinamentos multigeracionais ajudam a criar empatia e compreensão entre gerações, reduzindo a probabilidade de conflitos.

Estratégias:

- Organizar workshops que abordem as características de cada geração, promovendo a troca de experiências e o reconhecimento das diferenças.

- Incentivar a mentoria reversa, onde os Alphas e os mais jovens compartilham habilidades tecnológicas, enquanto aprendem com a experiência e o conhecimento dos colaboradores mais seniores.

Estabelecer Políticas de Responsabilidade Social e Transparência: Para atender às expectativas da Geração Alpha em termos de ética organizacional e impacto social, as empresas podem fortalecer suas políticas de responsabilidade social. Essa prática ajuda a alinhar os valores dos colaboradores mais jovens com a cultura organizacional e a promover um ambiente de trabalho mais sustentável e consciente.

Estratégias:

- Criar e divulgar programas de responsabilidade social que envolvam toda a organização.

- Estabelecer canais de comunicação que demonstrem transparência nas práticas e decisões da empresa.

4. O Futuro das Relações de Trabalho com a Geração Alpha

O impacto da Geração Alpha no ambiente corporativo trará desafios e oportunidades para as organizações. Esta geração, que representa o ápice da familiaridade com a tecnologia e da conexão global, também possui fortes expectativas em relação ao impacto social e à mobilidade. As empresas que conseguirem adaptar suas estruturas para acomodar essa geração, oferecendo flexibilidade, autonomia e propósito, poderão se beneficiar de suas competências tecnológicas e de sua visão inovadora.

Oportunidades:

- **Inovação e Agilidade:** A Geração Alpha, com sua facilidade com tecnologia e preferência por agilidade, pode impulsionar a transformação digital e a inovação nos processos de trabalho.

- **Consciência Ambiental e Social:** Com um forte senso de responsabilidade social, esta geração pode liderar as mudanças para práticas mais sustentáveis e inclusivas no ambiente de trabalho.

- **Flexibilidade e Mobilidade**: A preferência por ambientes de trabalho flexíveis pode tornar as empresas mais adaptáveis e inovadoras, promovendo um clima organizacional aberto e receptivo.

Desafios:

- **Integração de Diferentes Estilos de Trabalho:** A convivência de várias gerações com estilos distintos de trabalho e comunicação exigirá um esforço adicional para evitar conflitos e garantir a harmonia.

- **Alinhamento de Valores:** As empresas que ainda não adotaram práticas de responsabilidade social podem enfrentar dificuldades para atrair e reter talentos da Geração Alpha.

- **Gestão da Expectativa por Resultados Rápidos:** A Geração Alpha tende a esperar um retorno rápido de seus esforços, o que pode ser desafiador em projetos de longo prazo ou em empresas com estrutura mais tradicional.

CAPÍTULO 17

Gestão de Conflitos no Ambiente de Trabalho Remoto

Com o aumento do trabalho remoto, a gestão de conflitos tornou-se mais complexa. A ausência de interações presenciais e a dependência de tecnologias de comunicação criam novos desafios, dificultando a resolução rápida e empática de desentendimentos. Este capítulo examina as causas mais comuns de conflitos em ambientes remotos e oferece estratégias para que líderes e equipes os gerenciem de forma eficaz.

1. Principais Desafios do Trabalho Remoto para a Gestão de Conflitos

O ambiente de trabalho remoto altera a forma como as equipes interagem, criando condições específicas que podem gerar ou intensificar conflitos.

Falta de Comunicação Não Verbal

Na comunicação remota, as interações são principalmente textuais ou por videochamadas, limitando a percepção de sinais não verbais como expressões faciais e linguagem corporal. A ausência desses sinais pode dificultar a interpretação do tom e da intenção por trás das mensagens.

Impacto no Ambiente de Trabalho:

- Aumento do risco de interpretações equivocadas, o que pode gerar ressentimentos e mal-entendidos.

- Dificuldade em perceber sinais emocionais, tornando mais difícil reconhecer conflitos latentes.

Sentimento de Isolamento e Desconexão

A ausência do contato presencial pode gerar uma sensação de isolamento entre os membros da equipe. A falta de interação diária em ambientes compartilhados dificulta a construção de relacionamentos sólidos, essenciais para a colaboração e a confiança.

Impacto no Ambiente de Trabalho:

- Redução do sentimento de pertencimento e conexão com a equipe, o que pode gerar desentendimentos.

- Maior propensão a desconfianças e falta de empatia nas comunicações.

Sobrecarga de Comunicação Digital

No ambiente remoto, a comunicação depende intensamente de ferramentas digitais, o que pode levar à sobrecarga de mensagens e informações. A gestão de tempo e a priorização tornam-se desafiadoras, o que pode ser motivo de frustração e conflitos.

Impacto no Ambiente de Trabalho:

- Frustração devido ao excesso de mensagens e e-mails, dificultando a concentração.

- Desentendimentos sobre a urgência ou importância de tarefas comunicadas via texto.

2. Estratégias para Gerenciar Conflitos no Trabalho Remoto

Líderes e equipes podem adotar práticas específicas para reduzir o risco de conflitos e promover uma comunicação mais clara e empática em ambientes remotos.

Incentivar a Comunicação Clara e Transparente

Em um ambiente onde as interações são predominantemente textuais, a clareza é essencial para evitar mal-entendidos. É importante que todos se sintam à vontade para esclarecer dúvidas e alinhar expectativas.

Práticas Recomendadas:

- Adotar uma política de comunicação clara e direta, evitando o uso de linguagem ambígua.

- Realizar alinhamentos regulares sobre expectativas e prazos, garantindo que todos estejam na mesma página.

Promover o Uso de Ferramentas de Comunicação Adequadas

A escolha da ferramenta de comunicação certa para cada situação pode fazer uma grande diferença no trabalho remoto. É importante definir quais ferramentas são mais adequadas para cada tipo de interação, como mensagens rápidas, chamadas de vídeo ou e-mails.

Práticas Recomendadas:

- Estabelecer diretrizes sobre quando usar cada ferramenta, promovendo o uso de videochamadas para conversas complexas.

- Adotar ferramentas colaborativas que centralizem as discussões e permitam que todos acessem informações de forma organizada.

Agendar Check-ins Regulares e Reuniões de Feedback

Para compensar a falta de interação presencial, é importante que os líderes mantenham contato frequente com os membros da equipe por meio de check-ins e reuniões de feedback. Essas interações proporcionam um espaço seguro para que os colaboradores compartilhem preocupações e dificuldades.

Práticas Recomendadas:

- Realizar reuniões individuais de check-in para identificar e abordar problemas de forma privada e empática.

- Promover feedback construtivo e incentivar o compartilhamento de percepções sobre o ambiente de trabalho remoto.

3. Boas Práticas para Reduzir Conflitos e Promover Colaboração Remota

Estabelecer Normas de Comunicação e Etiqueta Digital

As normas de comunicação definem as expectativas sobre a frequência e o tom das interações, garantindo que todos tenham clareza sobre como se comunicar no ambiente remoto. Essas normas ajudam a evitar conflitos ao promover o respeito e a cortesia.

Práticas Recomendadas:

- Definir prazos para respostas e horários de comunicação, respeitando o equilíbrio entre vida pessoal e profissional.

- Promover uma etiqueta de comunicação digital que incentive o uso de saudações e despedidas nas mensagens, humanizando as interações.

Valorizar a Flexibilidade e a Autonomia

No ambiente remoto, a flexibilidade é essencial para que os colaboradores possam gerenciar suas rotinas de trabalho de forma produtiva. Valorizando a autonomia, as organizações reduzem a pressão e promovem um ambiente onde os conflitos são minimizados.

Práticas Recomendadas:

- Incentivar a autogestão e permitir que os colaboradores organizem seu tempo, desde que cumpram os prazos e expectativas.

- Evitar o microgestão e confiar na equipe para executar suas tarefas de maneira independente.

Realizar Atividades de Integração Virtual

A falta de interação presencial pode ser compensada por atividades de integração virtual que promovem o senso de equipe e incentivam a colaboração. Essas atividades ajudam a criar laços e reduzir o isolamento, promovendo um ambiente mais harmônico.

Práticas Recomendadas:

- Organizar sessões informais, como cafés virtuais ou happy hours online, para incentivar a interação e fortalecer os vínculos entre a equipe.

- Realizar atividades em grupo para promover o engajamento, como jogos ou dinâmicas de quebra-gelo.

4. **Estudos de Caso: Gestão de Conflitos no Trabalho Remoto**

1. **Estudo de Caso 1: Check-ins Regulares em uma Empresa de Desenvolvimento de Software**

   - **Contexto:** Em uma empresa de desenvolvimento de software, a equipe passou a trabalhar remotamente e enfrentou dificuldades de comunicação, gerando conflitos frequentes sobre prioridades e prazos.

   - **Ação:** A liderança instituiu check-ins semanais individuais com cada membro da equipe, permitindo que eles compartilhassem desafios e recebessem orientações personalizadas.

   - **Resultado:** A prática dos check-ins regulares reduziu os conflitos e melhorou o alinhamento entre os colaboradores, promovendo um ambiente de trabalho mais harmônico e produtivo.

2. **Estudo de Caso 2: Atividades de Integração Virtual em uma Agência de Marketing**

   - **Contexto:** Em uma agência de marketing, o isolamento do trabalho remoto afetou o relacionamento entre os membros da equipe, resultando em uma falta de engajamento e aumento de conflitos sobre o fluxo de trabalho.

   - **Ação:** A agência organizou sessões mensais de integração virtual, incluindo atividades como jogos em grupo e discussões informais sobre temas variados, incentivando a interação e promovendo uma conexão mais pessoal.

   - **Resultado:** A integração virtual melhorou o engajamento e a colaboração entre os colaboradores, reduzindo significativamente os conflitos e aumentando a satisfação da equipe.

CAPÍTULO 18

Medindo o Sucesso da Gestão de Conflitos nas Organizações

A gestão de conflitos é uma competência essencial para qualquer organização, mas para garantir sua eficácia é importante mensurar os resultados. Este capítulo explora métodos para avaliar o sucesso das práticas de resolução de conflitos, incluindo indicadores de desempenho, feedback dos colaboradores e métricas organizacionais. Medir o impacto da gestão de conflitos permite que as empresas identifiquem áreas de melhoria e reforcem práticas bem-sucedidas, promovendo um ambiente de trabalho colaborativo e produtivo.

1. A Importância de Medir a Gestão de Conflitos

Medir a gestão de conflitos vai além de simplesmente monitorar a frequência e a gravidade dos desentendimentos. Avaliar o impacto das práticas de resolução permite que a organização ajuste suas políticas, treine líderes e promova uma cultura de respeito e colaboração.

Benefícios de Avaliar a Gestão de Conflitos:

- **Identificação de Padrões e Tendências:** A análise contínua ajuda a identificar padrões recorrentes e áreas que necessitam de atenção, permitindo uma abordagem proativa para a resolução de conflitos.

- **Melhoria Contínua das Práticas:** Com base nas avaliações, a

95

organização pode ajustar suas práticas de gestão de conflitos, promovendo um ciclo de melhoria contínua.

- **Promoção de uma Cultura de Transparência:** A avaliação demonstra o compromisso da organização em ouvir seus colaboradores e em criar um ambiente de trabalho saudável.

2. Indicadores de Desempenho para Avaliar a Gestão de Conflitos

Redução na Frequência de Conflitos

A frequência dos conflitos no ambiente de trabalho é um dos indicadores mais diretos. Uma diminuição na ocorrência de desentendimentos indica que as práticas de resolução estão ajudando a prevenir e reduzir os conflitos.

Método de Coleta:

- Realizar uma análise trimestral ou semestral da frequência de conflitos relatados, observando se há uma tendência de queda.

Taxa de Retenção de Colaboradores

A taxa de retenção de colaboradores é um indicador indireto, mas eficaz, do sucesso da gestão de conflitos. Um ambiente com conflitos mal gerenciados tende a ter um alto turnover, pois os colaboradores não se sentem valorizados e podem buscar oportunidades em outros lugares.

Método de Coleta:

- Analisar a taxa de retenção anualmente, comparando com períodos anteriores e investigando as razões de saída em entrevistas de desligamento.

Satisfação e Engajamento dos Colaboradores

A satisfação e o engajamento dos colaboradores são fundamentais para avaliar o clima organizacional e a eficácia das práticas de gestão de conflitos. Colaboradores que se sentem ouvidos e valorizados tendem a ser mais engajados e satisfeitos com o ambiente de trabalho.

Método de Coleta:

- Realizar pesquisas de clima organizacional regularmente, incluindo questões sobre o ambiente de trabalho, a comunicação e a gestão de conflitos.

Taxa de Participação em Programas de Resolução de Conflitos

A taxa de participação em programas e treinamentos de resolução de conflitos indica o interesse dos colaboradores em desenvolver suas habilidades de comunicação e mediação. Uma alta participação sugere que a equipe está engajada em melhorar o ambiente e em aprender métodos construtivos de lidar com conflitos.

Método de Coleta:

- Monitorar o número de participantes em treinamentos e workshops de resolução de conflitos, avaliando o feedback para aprimorar os programas.

3. Métodos para Avaliar a Eficácia das Práticas de Resolução de Conflitos

Para mensurar a eficácia das práticas de resolução de conflitos, as organizações podem utilizar uma combinação de feedback dos colaboradores, análise de desempenho e métricas organizacionais.

Feedback dos Colaboradores

Obter o feedback dos colaboradores é essencial para entender suas percepções sobre o ambiente de trabalho e a gestão de conflitos. O feedback permite identificar áreas de melhoria e ajustar as práticas organizacionais conforme necessário.

Métodos de Coleta de Feedback:

- Entrevistas e Grupos de Discussão: Reuniões periódicas com os colaboradores para ouvir suas percepções sobre a eficácia das práticas de resolução de conflitos.

- Pesquisas de Satisfação Anônimas: Questionários que permitem aos colaboradores expressar suas opiniões de forma anônima, incentivando a transparência e a honestidade.

Avaliação de Desempenho dos Líderes

Os líderes desempenham um papel central na gestão de conflitos. Avaliar o desempenho dos líderes em termos de comunicação, empatia e capacidade de mediação ajuda a garantir que eles estão promovendo um ambiente de trabalho saudável.

Métodos de Avaliação:

- **Feedback 360°:** Avaliação dos líderes por parte de seus superiores, pares e subordinados, com foco em habilidades de resolução de conflitos.

- **Indicadores de Performance Específicos:** Definir metas para os líderes, como a redução de conflitos em suas equipes, e monitorar seu progresso ao longo do tempo.

4. Estabelecimento de Metas e Acompanhamento Contínuo

Definir metas de curto e longo prazo é fundamental para medir a eficácia da gestão de conflitos. A criação de um plano de acompanhamento contínuo permite que a organização ajuste suas práticas conforme necessário, garantindo que as iniciativas de resolução de conflitos estejam alinhadas com os objetivos organizacionais.

Definição de Metas Realistas e Mensuráveis

Para que a gestão de conflitos seja eficaz, é importante estabelecer metas claras e mensuráveis. Isso permite que a organização acompanhe o progresso e ajuste suas práticas conforme necessário.

Exemplos de Metas:

- Reduzir a frequência de conflitos relatados em 10% no próximo ano.

- Aumentar a taxa de participação nos treinamentos de resolução de conflitos para 80% dos colaboradores em um período de seis meses.

Monitoramento Regular e Avaliação dos Resultados

O monitoramento regular permite que a organização avalie o progresso das práticas de resolução de conflitos e identifique áreas de melhoria. Esse acompanhamento deve ser feito de forma contínua, com avaliações periódicas para garantir o alinhamento com os objetivos.

Métodos de Monitoramento:

- Revisões trimestrais dos indicadores de desempenho e metas de gestão de conflitos.

- Relatórios anuais que consolidam os dados de satisfação, retenção e frequência de conflitos.

5. Estudos de Caso: Avaliação da Gestão de Conflitos nas Organizações

1. Estudo de Caso 1: Pesquisa de Clima Organizacional em uma Empresa de Saúde

- **Contexto:** Em uma empresa do setor de saúde, os conflitos entre a equipe aumentaram após a transição para o trabalho remoto. Para abordar o problema, a organização realizou uma pesquisa de clima organizacional, incluindo questões sobre a gestão de conflitos e a satisfação com o ambiente de trabalho.

- **Ação:** Com base nos resultados da pesquisa, a empresa implementou novos treinamentos de resolução de conflitos e estabeleceu check-ins regulares com os líderes de equipe.

- **Resultado:** A pesquisa revelou uma melhoria significativa no clima organizacional, com uma redução na frequência de conflitos e um aumento na satisfação dos colaboradores.

2. Estudo de Caso 2: Feedback 360° em uma Empresa de Consultoria

- **Contexto:** Em uma empresa de consultoria, a liderança notou um aumento nos conflitos entre departamentos. A empresa adotou o feedback 360° para avaliar as habilidades de mediação e comunicação dos líderes.

- **Ação:** Com base nos resultados, a empresa ofereceu treinamentos específicos para líderes que apresentaram dificuldades na gestão de conflitos.

- **Resultado:** A iniciativa melhorou a capacidade de comunicação e mediação dos líderes, resultando em um ambiente de trabalho mais colaborativo e uma redução nos desentendimentos entre os departamentos.

CAPÍTULO 19

Implementação de uma Cultura de Resolução de Conflitos na Organização

Criar uma cultura organizacional voltada para a resolução de conflitos é essencial para promover um ambiente de trabalho saudável e produtivo. Quando a resolução de conflitos é parte dos valores e práticas diárias da empresa, os colaboradores sentem-se mais seguros e à vontade para expressar suas preocupações, colaborando para um ambiente de trabalho harmonioso. Este capítulo aborda estratégias para implementar uma cultura de resolução de conflitos e práticas que promovam o respeito, a comunicação aberta e a colaboração.

1. A Importância de uma Cultura de Resolução de Conflitos

Uma cultura organizacional que valoriza a resolução de conflitos promove a transparência e a colaboração, reduzindo a ocorrência de desentendimentos e criando um ambiente onde as diferenças são valorizadas. Esse tipo de cultura permite que a organização se beneficie da diversidade de opiniões e da construção de relacionamentos fortes e saudáveis entre os colaboradores.

Benefícios de uma Cultura de Resolução de Conflitos:

- **Redução de Turnover:** Colaboradores que trabalham em um ambiente onde suas vozes são ouvidas têm maior probabilidade de permanecer na organização.

- **Aumento da Produtividade:** Ao promover a resolução rápida e eficaz de conflitos, a organização evita distrações e promove a concentração nas atividades principais.

- **Fortalecimento da Colaboração:** Uma cultura de resolução de conflitos incentiva os colaboradores a buscar soluções em conjunto, melhorando o relacionamento entre as equipes.

2. Práticas para Implementar uma Cultura de Resolução de Conflitos

Implementar uma cultura de resolução de conflitos requer um conjunto de práticas e valores que incentivem a comunicação aberta, o respeito e a colaboração.

Definição de Valores e Diretrizes de Resolução de Conflitos

A criação de valores organizacionais que priorizem o respeito e a colaboração é fundamental para construir uma cultura de resolução de conflitos. Esses valores devem ser claramente comunicados e seguidos por todos na organização.

Práticas Recomendadas:

- Definir valores claros que incentivem o diálogo aberto, a empatia e o respeito pelas diferenças.

- Incorporar esses valores nas diretrizes de comportamento e no código de ética da organização.

Liderança como Exemplo de Resolução de Conflitos

Os líderes desempenham um papel central na construção da cultura organizacional. Quando eles demonstram habilidades de resolução de conflitos e promovem o diálogo aberto, inspiram os colaboradores a seguir o mesmo caminho.

Práticas Recomendadas:

- Treinar os líderes em técnicas de comunicação e resolução de conflitos para que possam servir de exemplo para suas equipes.

- Incentivar os líderes a abordar conflitos de maneira construtiva e a criar um ambiente de confiança e respeito.

Treinamentos Regulares em Resolução de Conflitos

Oferecer treinamentos regulares é essencial para que todos os colaboradores desenvolvam as habilidades necessárias para lidar com conflitos de forma saudável e construtiva. Esses treinamentos ajudam a preparar a equipe para lidar com desafios e a promover uma cultura de respeito.

Práticas Recomendadas:

- Realizar treinamentos periódicos sobre comunicação assertiva, empatia e técnicas de mediação.

- Organizar workshops onde os colaboradores possam praticar a resolução de conflitos em cenários simulados.

Criação de Espaços para Feedback e Diálogo

Oferecer espaços onde os colaboradores possam expressar suas opiniões e preocupações sem receio de julgamento ou retaliação é fundamental para criar uma cultura de resolução de conflitos. Esses espaços incentivam a comunicação aberta e ajudam a identificar problemas antes que se transformem em conflitos.

Práticas Recomendadas:

- Estabelecer canais de feedback anônimos onde os colaboradores possam expressar suas preocupações de maneira confidencial.

- Promover reuniões de equipe onde os colaboradores se sintam à vontade para compartilhar suas opiniões e discutir questões de forma construtiva.

3. Avaliação e Monitoramento da Cultura de Resolução de Conflitos

Para garantir que a cultura de resolução de conflitos esteja sendo efetivamente implementada, é importante que a organização monitore o ambiente de trabalho e avalie o impacto das práticas adotadas.

Estabelecimento de Indicadores de Sucesso

Definir indicadores de sucesso ajuda a organização a medir o impacto da cultura de resolução de conflitos e a identificar áreas de melhoria. Esses indicadores podem incluir métricas como a frequência de conflitos, o nível de satisfação dos colaboradores e a taxa de retenção.

Práticas Recomendadas:

- Monitorar indicadores como o número de conflitos reportados e a taxa de satisfação dos colaboradores em pesquisas de clima organizacional.

- Avaliar o engajamento dos colaboradores em treinamentos e workshops de resolução de conflitos.

Feedback Regular dos Colaboradores

O feedback dos colaboradores é uma ferramenta valiosa para entender como eles percebem a cultura de resolução de conflitos e identificar oportunidades de aprimoramento. Esse feedback permite que a organização ajuste suas práticas conforme necessário para atender melhor às necessidades da equipe.

Práticas Recomendadas:

- Realizar pesquisas de satisfação regulares que incluam perguntas sobre a cultura de resolução de conflitos.

- Organizar grupos de discussão para coletar feedback dos colaboradores sobre as práticas de resolução de conflitos e promover a melhoria contínua.

4. **Estudos de Caso: Implementação de uma Cultura de Resolução de Conflitos**

   1. **Estudo de Caso 1: Treinamento em Resolução de Conflitos em uma Empresa de Serviços Financeiros**

      - **Contexto:** Em uma empresa de serviços financeiros, a liderança notou que os conflitos entre departamentos estavam prejudicando o desempenho e afetando o clima organizacional.

      - **Ação:** A empresa implementou um programa de treinamento em resolução de conflitos para todos os colaboradores, focando em habilidades de comunicação, escuta ativa e mediação.

- **Resultado:** O treinamento ajudou a reduzir os conflitos e a melhorar a colaboração entre os departamentos, resultando em um ambiente de trabalho mais produtivo e harmonioso.

2. Estudo de Caso 2: Criação de Espaços de Diálogo em uma Empresa de Tecnologia

  - **Contexto:** Em uma empresa de tecnologia, os conflitos entre equipes de diferentes áreas estavam dificultando a comunicação e prejudicando a conclusão de projetos.

  - **Ação:** A empresa criou espaços de diálogo onde os colaboradores podiam expressar suas preocupações e discutir problemas abertamente. Também implementou um canal de feedback anônimo para que os colaboradores pudessem relatar problemas sem receio de julgamento.

  - **Resultado:** A criação de espaços de diálogo ajudou a reduzir os conflitos entre as equipes, promovendo um ambiente de colaboração e respeito.

CAPÍTULO 20

Estudos de Caso de Sucesso em Gestão de Conflitos

Ao longo do livro, discutimos várias práticas e estratégias para a gestão de conflitos. Agora, veremos como algumas empresas implementaram essas práticas de forma bem-sucedida, proporcionando exemplos reais de como a gestão de conflitos pode transformar o ambiente de trabalho e fortalecer a cultura organizacional. Esses estudos de caso servem como inspiração e evidenciam os benefícios de investir na prevenção e resolução de conflitos.

1. Estudo de Caso: Empresa de Tecnologia - Cultura de Feedback Aberto

Contexto: Em uma empresa de tecnologia em rápido crescimento, os conflitos entre as equipes eram comuns, dificultando o andamento de projetos. A organização precisava implementar uma cultura de resolução de conflitos para melhorar a comunicação e a colaboração.

Solução Implementada: A liderança introduziu uma política de feedback aberto e transparente, incentivando os colaboradores a expressarem suas preocupações e sugestões sem medo de retaliações. A empresa ofereceu treinamentos sobre escuta ativa e comunicação assertiva, promovendo um ambiente onde todos pudessem dar e receber feedback de forma construtiva.

Resultados: A política de feedback aberto reduziu significativamente os conflitos e melhorou a colaboração entre as equipes. A prática contínua de feedback resultou em um ambiente de trabalho mais positivo, onde os colaboradores se sentiam valorizados e engajados.

2. Estudo de Caso: Instituição Financeira - Treinamento de Liderança para Resolução de Conflitos

Contexto: Em uma instituição financeira, os líderes enfrentavam dificuldades para lidar com conflitos entre os colaboradores, o que estava prejudicando o desempenho e o clima organizacional. A empresa percebeu a necessidade de capacitar seus líderes para gerenciar conflitos de maneira eficaz.

Solução Implementada: A instituição desenvolveu um programa de treinamento em liderança focado em habilidades de mediação e resolução de conflitos. Os líderes participaram de workshops onde aprenderam a identificar os sinais de conflito e a usar técnicas de comunicação para facilitar o diálogo.

Resultados: O treinamento em liderança ajudou os gestores a lidar com os conflitos de forma mais proativa e empática. Os colaboradores passaram a sentir maior apoio da liderança, o que melhorou a satisfação e a retenção de talentos na instituição.

3. Estudo de Caso: Empresa de Consultoria - Grupos de Discussão Interdepartamentais

Contexto: Em uma empresa de consultoria, havia frequentes desentendimentos entre os departamentos, especialmente sobre prioridades e alocação de recursos. A falta de comunicação entre as áreas estava gerando ressentimento e afetando a qualidade dos serviços prestados.

Solução Implementada: A empresa criou grupos de discussão interdepartamentais onde os representantes de cada área podiam discutir suas necessidades, desafios e metas. Esses grupos promoviam a colaboração e o entendimento, facilitando a resolução de conflitos e alinhando expectativas entre os departamentos.

Resultados: Os grupos de discussão reduziram os conflitos interdepartamentais e melhoraram a colaboração na empresa. Os departamentos passaram a ter um entendimento mais claro das prioridades e limitações dos outros, o que resultou em uma melhoria na qualidade dos serviços e no clima organizacional.

4. Estudo de Caso: Empresa de Saúde - Canal de Feedback Anônimo para Conflitos

Contexto: Em uma empresa do setor de saúde, os conflitos entre equipes de diferentes turnos estavam prejudicando a continuidade e a qualidade dos cuidados aos pacientes. A empresa precisava encontrar uma forma de resolver os conflitos de forma rápida e eficaz.

Solução Implementada: A organização criou um canal de feedback anônimo onde os colaboradores podiam relatar conflitos e preocupações sem receio de julgamento ou retaliação. A empresa também promoveu treinamentos sobre empatia e colaboração, incentivando os colaboradores a trabalhar em conjunto para resolver problemas.

Resultados: O canal de feedback anônimo ajudou a identificar e resolver conflitos rapidamente, melhorando o ambiente de trabalho e a qualidade do atendimento ao paciente. Os colaboradores passaram a se sentir mais confortáveis para compartilhar suas preocupações, o que resultou em um ambiente mais colaborativo e empático.

5. Estudo de Caso: Agência de Marketing - Atividades de Integração e Construção de Relacionamentos

Contexto: Em uma agência de marketing, os conflitos entre equipes criativas e de atendimento ao cliente estavam afetando o clima organizacional e a produtividade. A liderança percebeu que a falta de integração entre as áreas contribuía para o surgimento de conflitos.

Solução Implementada: A agência organizou atividades de integração entre as equipes, como workshops e sessões de brainstorming, onde os colaboradores podiam se conhecer melhor e entender as responsabilidades e desafios de cada área. Além disso, foram promovidos encontros informais, como cafés virtuais, para fortalecer os laços entre os colaboradores.

Resultados: As atividades de integração ajudaram a reduzir os conflitos entre as equipes e fortaleceram os relacionamentos, promovendo um ambiente mais cooperativo. A agência observou um aumento na produtividade e na qualidade do trabalho, além de uma melhora significativa no clima organizacional.

CAPÍTULO 21

Lições Aprendidas nos Estudos de Caso

Esses estudos de caso exemplificam como diversas organizações aplicaram estratégias de gestão de conflitos com êxito, adaptando-se a contextos e desafios únicos. Mais do que resolver desentendimentos, a gestão de conflitos é fundamental para construir uma cultura organizacional saudável e resiliente. Ao analisar esses exemplos, podemos extrair princípios universais que transcendem o cenário específico de cada empresa e que, quando bem aplicados, servem como alicerce para um ambiente de trabalho que valoriza o diálogo, a empatia e a colaboração.

O Papel da Adaptação e da Flexibilidade

Cada estudo de caso demonstra que não existe uma abordagem única para todos os tipos de conflitos. Empresas de tecnologia, finanças, saúde e marketing, embora enfrentem problemas semelhantes em termos de comunicação e colaboração, apresentam necessidades e culturas distintas que exigem soluções customizadas. A eficácia da gestão de conflitos depende, portanto, da habilidade da liderança em adaptar práticas e políticas às realidades particulares de cada setor e equipe. Essa flexibilidade é essencial para atender às expectativas dos colaboradores e promover práticas inclusivas e respeitosas.

Insights sobre a Adaptação

1. **Ambientes de Alta Pressão:** Empresas de saúde e finanças, com rotinas de alta pressão e exigências intensas, se beneficiaram de canais de comunicação e feedback direto para aliviar tensões e

fortalecer o suporte emocional.

2. **Cultura de Inovação:** No setor de tecnologia e consultoria, a promoção de feedback aberto e o uso de grupos de discussão interdepartamentais facilitaram o entendimento mútuo e a colaboração entre diferentes especialidades.

3. **Integração de Equipes Criativas:** Agências de marketing, ao promover atividades de integração entre equipes com perfis distintos (criativos e atendimento ao cliente, por exemplo), melhoraram as sinergias e reduziram os atritos por meio do fortalecimento de relacionamentos.

Diálogo Aberto e Transparente como Pilar da Gestão de Conflitos

O diálogo é a base sobre a qual uma cultura de resolução de conflitos é construída. Em cada um dos estudos de caso, vemos que as empresas estabeleceram práticas que incentivam a expressão aberta e honesta das preocupações. Este tipo de diálogo tem várias funções: permite o desabafo, promove a escuta ativa e ajuda a esclarecer mal-entendidos antes que se transformem em problemas maiores.

O feedback contínuo e a abertura para a comunicação direta, como observado nos exemplos de empresas de tecnologia e saúde, servem para construir um ambiente onde o conflito é tratado como uma oportunidade de crescimento e não como uma ameaça à harmonia organizacional. Os líderes, ao facilitar o diálogo, atuam como agentes de mudança e contribuem para criar um ambiente de segurança psicológica onde todos se sentem à vontade para compartilhar ideias, desafios e frustrações.

Fortalecimento da Cultura Organizacional através da Empatia e da Colaboração

A empatia emerge como um dos elementos mais importantes na resolução eficaz de conflitos. Ela permite que colaboradores e líderes entendam as perspectivas uns dos outros e considerem os sentimentos envolvidos em cada situação. Na instituição financeira, o treinamento dos líderes em técnicas de mediação foi uma medida estratégica para reforçar essa habilidade. Quando os gestores praticam a empatia, incentivam suas equipes a resolver conflitos de forma construtiva, servindo de exemplo e inspirando um ambiente colaborativo.

A colaboração, vista no estudo de caso da empresa de consultoria, foi promovida com a criação de grupos de discussão interdepartamentais. Essa iniciativa não apenas incentivou o compartilhamento de ideias e conhecimentos, mas também reduziu os mal-entendidos e as rivalidades entre diferentes áreas. A colaboração ativa elimina barreiras, promove o alinhamento e fortalece o engajamento, especialmente em empresas que dependem de múltiplas áreas para executar seus projetos.

Impacto da Resolução de Conflitos na Produtividade e Engajamento

A gestão de conflitos, quando bem implementada, não se limita a resolver desentendimentos pontuais. Ela também afeta diretamente a produtividade e o engajamento dos colaboradores, criando um ciclo positivo de desenvolvimento organizacional. Ambientes onde os colaboradores se sentem seguros para expressar suas preocupações tendem a ser mais produtivos, pois a ausência de conflitos acumulados reduz o estresse e permite o foco nas atividades principais.

Nos estudos de caso apresentados, empresas que investiram em políticas de feedback aberto, atividades de integração e treinamento de liderança observaram uma melhora significativa na produtividade e na satisfação dos colaboradores. Em contrapartida, ambientes de trabalho onde os conflitos não são abordados de forma construtiva sofrem com baixa retenção, menor produtividade e altos níveis de estresse, como ilustrado ao longo dos capítulos deste livro.

Uma Cultura que Prioriza a Resolução de Conflitos é uma Cultura Resiliente

Finalmente, a criação de uma cultura organizacional voltada para a resolução de conflitos fortalece a resiliência da empresa. Organizações que abraçam o conflito como parte do desenvolvimento tornam-se mais preparadas para enfrentar mudanças e desafios, seja em um cenário de rápida expansão, como na empresa de tecnologia, ou de alta demanda, como na empresa de saúde. A resiliência surge da capacidade de identificar, abordar e resolver conflitos de maneira proativa, criando uma fundação sólida para que a empresa prospere em qualquer situação.

Estes estudos de caso reforçam a importância de investir na gestão de conflitos como uma competência organizacional central. Cada exemplo ilustra como a gestão eficaz de conflitos vai além da resolução de problemas momentâneos, afetando positivamente a cultura organizacional, a produtividade e o bem-estar dos colaboradores. Ao implementar uma abordagem integrada e personalizada, que valoriza o diálogo, a empatia e a colaboração, as empresas não apenas resolvem conflitos, mas também criam uma base para um ambiente de trabalho saudável, inclusivo e alinhado com os valores e objetivos da organização.

CONCLUSÃO

A gestão de conflitos é, para a organização moderna, uma ferramenta essencial e prática que vai além das teorias, traduzindo-se em estratégias aplicáveis que realmente fazem a diferença no cotidiano corporativo. Neste livro, proponho uma abordagem inovadora para a resolução de conflitos, explorando técnicas fundamentadas em elementos pouco abordados pela literatura tradicional: a adaptação geracional, o uso ético de tecnologias emergentes, a implementação de políticas de flexibilidade e o cultivo de uma cultura organizacional que promove ativamente o diálogo e a empatia.

Nossa jornada ao longo dos capítulos trouxe não apenas a teoria, mas também práticas que podem ser aplicadas diretamente para transformar a gestão de conflitos em uma vantagem competitiva e cultural. A abordagem prática que ofereço é uma resposta direta à necessidade crescente de ambientes de trabalho que valorizem a diversidade de pensamento, a inovação colaborativa e a construção de relacionamentos mais autênticos. Em cada capítulo, aprofundei temas como a comunicação direta, os impactos das novas gerações e as formas de engajamento que promovem a coesão e o respeito mútuo. Ao destacar o papel do feedback contínuo, dos check-ins regulares e da implementação de políticas inclusivas, ofereço um guia acessível para líderes e colaboradores navegarem pelas complexidades da convivência corporativa.

Criar uma cultura voltada para a resolução de conflitos exige práticas consistentes e o desenvolvimento de uma visão que reconheça o valor das diferenças como base para o crescimento coletivo. Mais do que estratégias teóricas, ofereço aqui uma estrutura prática que integra a empatia e o respeito com o uso responsável da tecnologia, transformando o conflito de uma ameaça em uma oportunidade. A criação de diretrizes éticas para a utilização de tecnologias como a inteligência artificial, por exemplo, é uma resposta a uma lacuna na literatura atual e um elemento de importância crescente. Essas ferramentas não devem apenas detectar problemas, mas devem servir como aliadas na manutenção de um ambiente onde a integridade e a empatia humana permaneçam no centro das decisões.

Este livro também inova ao introduzir métodos para uma convivência harmônica entre gerações, algo raramente abordado com profundidade em outros materiais. Ao considerar os valores de cada geração — desde os Baby Boomers até a Geração Alpha — ofereço maneiras de superar conflitos intergeracionais e aproveitar as forças de cada grupo etário. Isso não só garante um ambiente de trabalho mais inclusivo, mas também maximiza a capacidade de adaptação e inovação da organização.

A gestão de conflitos, conforme explorei aqui, é uma disciplina prática que requer flexibilidade e a capacidade de adaptação contínua. Para empresas que desejam se destacar, desenvolver uma cultura que reconheça e abrace essas diferenças é um passo fundamental. A implementação de práticas contínuas de comunicação e feedback, a promoção de espaços de escuta ativa e a valorização do autoconhecimento entre líderes e colaboradores fortalecem o tecido organizacional e promovem o crescimento sustentado.

Este livro serve, portanto, como um manual prático e inovador para qualquer organização que aspira a converter o conflito em um motor para a transformação positiva. A partir do uso cuidadoso da tecnologia, do desenvolvimento de habilidades de empatia e da promoção de uma cultura de respeito e inclusão, acredito que as empresas poderão lidar com os desafios internos de forma equilibrada e efetiva, garantindo que cada conflito seja uma oportunidade para construir um ambiente mais justo, produtivo e acolhedor. Em resumo, a gestão eficaz de conflitos é uma das práticas mais valiosas que uma organização pode adotar para promover um futuro corporativo marcado pelo equilíbrio e pela evolução constante, transformando cada desafio em uma oportunidade concreta de aprendizado e progresso.

REFERÊNCIAS

Capítulo 1: Introdução ao Conflito no Ambiente de Trabalho

- **Wilmot, William W.; Hocker, Joyce L.** *Interpersonal Conflict.* McGraw-Hill Education, 2013.

- **Rahim, M. Afzal.** *Managing Conflict in Organizations.* Routledge, 2010.

Capítulo 2: Tipos de Conflito

- **Eisenhower, Dwight D.** - A técnica de priorização conhecida como "Matriz de Eisenhower".

- **McChesney, Chris; Covey, Sean; Huling, Jim.** *The 4 Disciplines of Execution: Achieving Your Wildly Important Goals.* Free Press, 2012.

- **Rosenberg, Marshall B.** *Nonviolent Communication: A Language of Life.* PuddleDancer Press, 2003.

Capítulo 3: Ferramentas e Métodos para Mediação de Conflitos

- **Lencioni, Patrick.** *The Five Dysfunctions of a Team.* Jossey-Bass, 2002.

- **Kniberg, Henrik; Skarin, Mattias.** *Kanban and Scrum – Making the Most of Both.* C4Media, 2010.

Capítulo 6: O Papel da Tecnologia na Gestão de Conflitos

- **Collins, Heidi.** *Enterprise Knowledge Portals and Knowledge Management.* Butterworth-Heinemann, 2003.

- **Marr, Bernard.** *Data Strategy: How To Profit From A World Of Big Data, Analytics And The Internet Of Things.* Kogan, 2017.

Capítulo 17: Gestão de Conflitos no Ambiente de Trabalho Remoto

- **Duhigg, Charles.** *Smarter Faster Better: The Secrets of Being Productive in Life and Business.* Random House, 2016.

- **Wladawsky-Berger, Irving.** Artigos sobre tendências do trabalho híbrido e digital.

Capítulo Especial: Geração Z e Geração Alpha

- **Twenge, Jean M.** *iGen: Why Today's Super-Connected Kids Are Growing Up Less Rebellious, More Tolerant, Less Happy – and Completely* Unprepared for Adulthood. Atria Books, 2017.

- **Howe, Neil; Strauss, William.** *Millennials Rising: The Next Great Generation.* Vintage, 2000.

SOBRE O AUTOR

Wellington Camilo ingressou no ambiente corporativo em 2004, desenvolvendo uma carreira sólida e multifacetada em gestão de serviços e transformação digital. Com quase duas décadas de experiência em Tecnologia da Informação, Wellington adquiriu uma compreensão profunda de como os conflitos podem impactar a dinâmica organizacional. Observou de perto as diferentes reações das empresas diante de desafios e descobriu que uma gestão eficaz de conflitos não só resolve problemas imediatos, mas também contribui para uma cultura de crescimento e colaboração.

Graduado em Análise e Desenvolvimento de Sistemas e com especializações em Gestão e Liderança de Equipes e em Finanças e Controladoria, Wellington equilibra uma visão analítica com uma abordagem prática para a gestão de conflitos. Sua formação em finanças, combinada com sua expertise em TI, o capacita a adotar estratégias fundamentadas e orientadas para resultados. Como líder, ele acredita que o sucesso não depende apenas de habilidades técnicas, mas também de uma comunicação eficaz e de uma cultura que valorize a empatia e o respeito.

Atualmente, Wellington dedica-se a compartilhar suas práticas e conhecimentos sobre resolução de conflitos, fornecendo aos líderes e colaboradores ferramentas para transformar o ambiente corporativo em um espaço produtivo e harmonioso.

www.ingramcontent.com/pod-product-compliance
Lightning Source LLC
Chambersburg PA
CBHW071520220526
45472CB00003B/1088